BRAG BETTER

Master the Art of Fearless Self-Promotion

沒人看見你的好，
你要懂得自己誇

Meredith Fineman
梅樂迪斯・芬曼——著　甘鎮隴——譯

掌握勇敢自我推銷的藝術

目次 CONTENTS

第二部 宣傳自己

第三部 成為專業人士

好評推薦

在自媒體年代，每一個人都有權利為自己說話、維護個人品牌和形象，若保持緘默，就是自動交出話語權。

——丁菱娟（影響力學院創辦人／作家／新創及二代企業導師／資深公關人）

自我宣傳並不可恥，可恥的是那些沒料卻又大聲疾呼的人。讓有料的自己被看見，是一種責任。

——歐馬克（馬克信箱主理人）

一本從心理與務實、開會與推銷等不同場合，全視角切入，建立自信的好書。與其說「讓我很不要臉地自誇一下」，不如說「請你看看我寫的文章，請分享出去，我很感激！」

不卑不亢，中階主管群、成長微網紅、小資上班族、新手創業家必讀！

——矽谷阿雅（矽谷AI租衣新創Taelor執行長／前臉書產品經理）

〈前言〉大聲說出你的成就，因為你值得

親愛的讀者：

時至今日，已有成千上萬人接受過我的訓練或聽過我的演說，其中許多都是女性，她們在自我介紹、說明自身成就這方面羞於啟齒。說真的，「羞於啟齒」這種說法略嫌保守，因為對她們而言，自誇簡直就像要她們的命。我很不願這麼說，但我有些客戶雖然在各自的領域上擁有傑出表現，卻拿不出勇氣大聲說出自己的名字。

如果你跟我那些客戶一樣，這表示你完成了很多辛苦的工作，卻沒人注意到。你眼睜睜看著愛出鋒頭的同事獲得升遷、領導職和令人興奮的工作。少數人似乎就是擁有某種神奇能力，能自由自在地發言，獲得聆聽和首肯，讓你不禁納悶：為什麼人生不能更貼近「功績主義」。

我雖然很想說，我們有辦法讓那些大嗓門的人小聲點，但我不認為這會發生。我們的社會在「誰值得獲得注意力和稱讚」這方面很混亂，大嗓門的人就是會獲得獎勵。但我們能讓沉默的人大聲點，方法是**鼓勵他們對自身成就擁有健康的自豪感，並列出相關事實，讓大家聽見**。我會在這本書裡教你怎麼做。

如果為自己和周圍的人出聲，會讓你覺得緊張，那你其實並不孤單。如果自誇很簡

單，我就不會擁有我現在的職業生涯。我該補充一點：這種不安感分布得並不均勻。你如果從沒接觸過「展現健康自豪」的榜樣，這確實可能會（暫時性的！）給你帶來挫折。你的性別、種族、性傾向、年齡、能力及童年經驗，也會影響你和自誇術之間的關係。對某些人來說，自誇會遭到批評和嚴格審查。「獲得聆聽」的這份自由，是跟「特權」綁在一起的。

在本書中，你會看到許多對話引述和自誇案例分析，以及從我進行過的一對一面談中擷取而來的內容。你會聽見一些人經歷過困難又複雜的工作和社會環境，你會了解他們為了獲得聆聽如何奮鬥。身為「順性別」的異性戀白人女性，我清楚知道自己擁有什麼樣的特權，也想藉此幫助他人，希望你也會致力於幫助周圍的每個人。

我的目標是強化你的自誇能力，讓你在會議室或舞臺上找到適當的話語描述你的工作，向其他人分享你的成就，並引起槓桿作用，好讓你的職業生涯獲得更好的發展。我相信，值得討論的不只是你的成就，若以謹慎的策略性方式分享你的成就，就能讓你在職涯和人生上獲得更大的發展。

我由衷希望你讀完本書後，會對自己和你的工作感到自豪，而且懂得如何自誇你的特色和經驗，讓你和聚光燈之間毫無距離。最重要的是，「超強自誇術」的目標是給予你一個心態。我希望你能明白你擁有足夠的成就，也擁有足夠的資格。不管你在職涯上走到哪個地步，你的成就都值得與人分享。既然如此，我們就開始來討論你的成就吧。

你的自誇夥伴　梅樂迪斯・芬曼

第一部

超強自誇術
的基礎

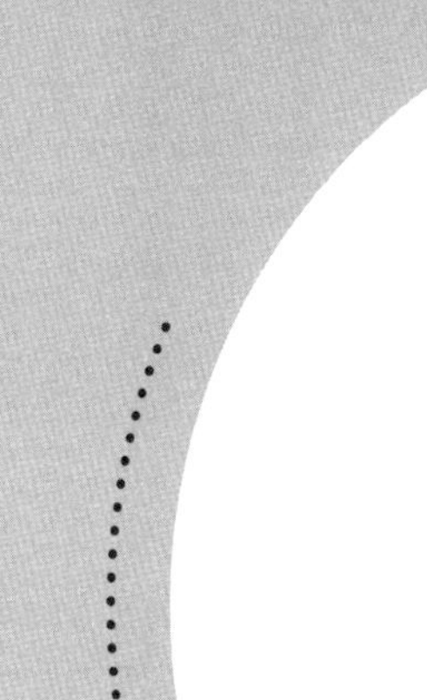

在第一部，我們將學習如何打下超強自誇術的基礎。

你會明白自誇為何如此困難；如果你還不懂得如何自誇，也別自責（若因為不懂得如何向別人分享自身成就而感到愧疚，完全是浪費時間）。

藉由本書傳授給你的自誇公式，你就能有個起頭，我也會提供大量案例來讓你明白該怎麼做。

在第一部的結尾，你將獲得新的觀點，明白超強自誇術的真義。

第一章 令人聞之色變的「自誇」

明明很優秀，卻好像沒人看見

幾年前，有位心思縝密、品貌兼優的女客戶來找我，想了解為何總是覺得自己被小看。我們就叫她妮娜吧。

令妮娜厭煩的，是她覺得自己就像個透明人，總是拿不到自覺有資格獲得的機會。她確實有資格獲得那些機會，這再明顯不過。就跟我大部分的客戶一樣，她也是個「合格沉默者」（The Qualified Quiet）：這種人能力優秀卻被小看，因為他們不懂得如何自我推銷，以為工作成果就能證明他們的能力，結果在這方面大失所望。

妮娜是個人才。她的工作領域是政治，也很熟悉這個行業，能說出特定的人口統計資料和特徵。為了推廣一份還算受歡迎的電子報，她比一般人更努力，每天工作十六到十八小時，卻從不花時間在線上或現實生活中宣傳自己的工作成果。她的處境就像被雜草困住，這也情有可原。她平時忙於分析大量政治選情，拼湊出簡報和研究成果。

和大多數的合格沉默者一樣，她把太多精神放在「產品」上，不夠關注**「呈現」**。妮娜在宣傳自己的工作時，沒有強調她的資歷和成就，也沒展現出她機智的幽默感，就算這分幽默感讓她比其他乏味的博學者更有意思。妮娜犯的錯，是她只在乎她做出的「工作」，而不明白**個性也是她的資產**。她也擁有一種明星般的氣質，很難用文字形容，但你看到就會明白。

妮娜來找我的時候，正在為了上電視而想方設法。她當時已經上過幾次電視，但她想成為電視上的熟面孔，讓觀眾在乎她。對妮娜來說，電視是讓她分享所學的下一個階段，這不只有助於她推廣電子報，也能鞏固她身為政治權威的地位，而且她也希望節目上不是只有讓人覺得枯燥的那種專家。我知道妮娜做得到。我很少這麼說，但電視是最難獲得的媒體機會，也最難拿出良好的表現。

為了提升妮娜的職涯發展，我們必須想辦法說出她的故事，讓世人明白她多麼優秀。我們一起想辦法改善她已經很傑出的電子報，並製作內容精闢又詳細的個人網站。我們更新了妮娜所有的個人資訊，確保資料一致且充滿說服力。我們為她準備了新的大頭貼照，也強化了她的自信，判斷哪些自我設限的想法會讓她無法自在地分享自身成就。妮娜想成為明星，就必須在想法和行為上都像個明星。

進行這個策略性工作時，我開始糾纏一些電視製作人，請他們讓妮娜以專家身分上節目。想上電視真的很不容易，因為在電視上曝光的機會充滿變數（像是常常被取消、改時間，或是被別人頂替）。大部分人在電視上的表現都不會很好，而且製作人通常不願意找沒沒無聞的人來上節目。

但是我**必須**讓妮娜上電視。我安排妮娜去了紐約幾次，告訴製作人我們到時候「會在附近」、有時間上節目。（我的意思是，**嚴格來說**我們確實會在附近，因為我安排了她前往當地；我現在如果想見到哪個大人物，還是會用這個辦法。只要搭飛機或列車就能「在附近」。）我知道電視製作人會比較願意讓就在當地的人上節目，所以我讓妮娜成了當地人。我們開始獲得一些機會，但事情進行得很緩慢。妮娜憑著笑容擠進一些小型節目，其中一個只有五位現場觀眾。

推銷妮娜其實很容易，原因之一是她的目標很明確。她熟悉她的觀眾群、她偏好的媒體，還有她的訊息。她清楚知道她想在哪裡出現。她想成為評論專家，她清楚知道她想上哪些節目、哪些節目的觀眾會對政治感興趣。

幾個月後，妮娜得到一個機會。

我永遠忘不了那一天：妮娜第一次出現在我們希望打入的節目上。我是很少看現場轉播節目的千禧世代，我得判斷在哪看她出場。我當時在我的公寓頂樓休息室，一群男生正在看運動頻道，我切換頻道時他們顯得懊惱，但我告訴他們現在該看某位女士表現。

妮娜真的拿出了優異表現。我對此雖然不覺得驚訝，但她的表現還是超出了我的預期。

妮娜是節目中的幾個評論專家之一。主持人介紹她、問她問題的時候，她已經做好準備。我看著她滔滔不絕地說出事實和重要情報。她雖然準備好了要說的重點，但也利用獲得的一小段時間，迅速展示她對政治的透澈了解。主持人對她刮目相看，並在剩下的時間裡專注在她一人身上。主持人接著開始**向她詢問**建議和看法。這是我目前為止安排過最好的電視登場。這是神奇的一刻。

妮娜後來告訴我，控制室裡的製作人（也就是在攝影機後面指揮拍攝角度的那些人），在錄影結束後出來跟她談話，這可是前所未有。她就是這麼厲害。這些製作人天天都會見到評論專家，但他們在乎她，甚至親自讓她知道她表現得有多好。

這對一個做出了努力、準備好為此自誇的人來說，可是電光般的一刻。那次登場後，妮娜就常常上節目。她每星期至少會上一次那個節目，也會出席其他節目，而且她逐漸成為令人欽佩的電視人物。現在的她在電視上如魚得水，她會開玩笑，或指出哪裡不公平，節目甚至給她專屬的時間，讓她分享自己的想法。

我相信讀者當中也有許多妮娜。就算你不想上電視，就算你一點也不想站在舞臺上，你還是會想在個人領域中出人頭地，還是會希望自己因為工作成果而獲得認同、因為縝密的看法而贏得尊重。不管你的目標是什麼，超強自誇術都能賦予你工具，讓你在自己選擇的媒體上自誇。你已經擁有了起頭所需的條件，我會帶領你走向下一個關卡，連同之後的無數關卡。

重新定義「自誇」：生存的必要手段

「自誇」是個骯髒的字眼，但我要改變這點。我刻意使用自誇這個技巧。我想抓住你的注意力，然後向你展示如何運用它。

你是個不可思議的人，我也想讓每個人都知道這點。我受夠了人們說他們一談到自己就「覺得慚愧」，或是害怕別人覺得他們很「臭屁」。我就是想改變這種想法，所以我這十年來進行了許多教導、訓練、演講和建議，幫助人們學習超強自誇術，讓他們能達成想要的職涯目標。

一提到自誇，人們通常會直接聯想到自我炫耀、招搖，而這確實也是自誇的方法之一。你當然可以炫耀自己，但我所謂的「我們都需要學習超強自誇術」並不是這個意思。想學會超強自誇術，你就需要在工作領域上獲得自豪，並採取小小的行動來跟旁人分享這分自豪。

辛蒂·加洛普（Cindy Gallop）是MakeLoveNotPorn的創辦人，也是個具有煽動力的演說家，她認為自誇就是「邀你應得的功勞」並且「拿出大聲公」。加洛普相信炫耀工作成果就是「公正地評價自己」，而且這在生存上是必要手段。

別害怕針對自己、你的人生還有成就侃侃而談，這麼做不僅會讓你覺得暢快，也能為聽眾帶來正面又長久的影響。我寫這本書，用意不只是為了鼓勵你，雖然這也是我的目標之一，但我希望你對自誇感到自在，你會願意在屋頂上高喊自己有多麼優秀，並幫助你的同事和朋友學習超強自誇術。

超強自誇術並不是要你在自己或其他人面前演戲，假裝你比實際上更有資格或自信。懂得如何有效地自誇，並不等於「弄假直到成真」，就算我們在必要時都會這麼做。我也不是要你在一場談話中隨意搞自我推銷。你在本書中不會學到任何花招騙術。

你將學到的，是在你的看法、能力和背景中找到低調的自信，並調高音量，把你的特質跟你的老闆、客戶、讀書俱樂部、社群、鄰里及全世界分享。我會幫助你列出你的成就和可自誇的特點。你會學習如何用最受歡迎的方式，來呈現你的成就的相關事實，以及引人注目的能力。我會分享一個簡單的公式來製作有效的自誇臺詞，並教你一些簡單的做法，來讓你為成功的自誇做好準備；你也會學到一些高級策略。現在這個時代最適合弄清楚你的立場是什麼，並以自信又堅定的方式把它分享出去。

合格沉默者

本書適合「合格沉默者」，這種人很想找到、感受、承認、轉換並表達自己優秀的能力、特色和成就，可惜不得其門而入。換言之，這種人就是我們當中99.9999%的人，在談到自己的時候就是會覺得不自在。從某種程度來說，我們都是合格沉默者。這無關乎內向還是外向，而是你願不願意為了達成目標而談起生活的某些部分。

如果你已經做了努力，但就是不知道如何討論並推銷自己，那你就是合格沉默者。合格沉默者的極端相反詞，是大聲自我吹噓、說的未必是實話的那種人。合格沉默者雖然有工作經驗，但不懂得如何談起；不甘於現狀，卻也不敢說出來。

你要怎麼知道你有沒有「做出努力」？就算你很難辨識這點，但我向你保證，你已經做出了許多努力。（順便告訴你，沒在努力工作但很「大聲」的那些人，從不質疑自己有沒有做出努力。）但並不表示你在這方面缺乏一些基本準則，例如：

- 你在和工作領域有關的議題上能提出看法。
- 你在你的領域上鑽研、工作了很多年。
- 你覺得你懂的東西比那些擁有知名度的人更多。
- 你在你的團隊或公司擔任領導職。
- 你在你的領域上（甚至不只一個領域）擁有高等學位。
- 你曾在相關的座談會上發言。
- 你在你的領域向媒體記者提供消息。

很多人忘了自己其實早就已達成許多相關目標，原因是我們很容易忽略自己的成就。和其他技藝一樣，超強自誇術也是活到老學到老。你必須時常為你的成就感到驕傲，並與其他人分享。

而且，**你如果不花點時間自誇，可能會對你的職涯造成傷害**。我見過一些客戶、朋友和熟人，他們因為不懂得勇於表現而錯過了大生意；我見過一些新人錯過了能打出知名度的演說機會，就因為他們太過緊張；也見過一些團體錯過在電視上曝光的機會，就因為他們覺得自己沒資格，或是覺得在鏡頭前很不自在。這讓我生氣，我雖然氣當事人做出那種選擇，但也氣這個社會的風氣就是讓人更傾向逃避，而非站出來，這讓我更想努力改變這種風氣。

這些優秀的人很多時候都在努力改善自己的組織，但諷刺的是，他們沒投資在個人品牌和溝通策略上，而且常常發生在專精於溝通領域的人們身上，就算這聽來違反直覺。這種人願意拚命為客戶打響知名度，但在推銷自己時卻感到害怕又陌生。

身為合格沉默者其實是好事。**這不是弱點，而是力量**。我們需要你。你其實是社會的支柱和力量，我們只是需要聽見你出聲。你是多數人，不是少數族群。絕不是只有你在談起自己時會覺得羞愧。畢竟，我就是靠幫助人們自誇自己的工作成果來賺錢。如果人人都擅長自誇，那我就沒工作了。

誰是合格沉默者？

如果你有以下特徵，就可能是合格沉默者……

你很難跟旁人提到你的成就。

有這種感受的人，絕對不是只有你。我每天都在指導人們如何跨越這個障礙。我們在這方面或多或少都會覺得棘手，畢竟不是每個人都擅長超強自誇術，但我們總是能進步。

看到別人在自我推銷時，你會覺得反感。

看到某人自信地侃侃而談，你會不會渾身起雞皮疙瘩？有時候這是因為你不習慣看到這一幕，也可能是因為，這會讓你自問該怎樣推銷自己。

你的工作領域跟數字、數據、科技或科學有關，這類工作永遠有標準答案。

我經常在研發、科學和科技相關領域看到這種事，尤其是數學、化學、健康開發產業、醫學、工程、生物，以及數據科學。在這些行業裡，所有工作成果都能被量化，也都有標準答案。

如果要你上臺演講，你會很想吐。

我每次演講時（我每個月都會演講很多次），都認定自己會在一開始的三十秒內昏倒。當然，我從沒昏倒過。對公眾演說的恐懼真的很常見，只是別讓這種恐懼阻撓你達成目標。

你很樂意討論你的朋友有多棒，但談到自己的時候，就變得沉默不語。

我們很多人都是這樣，很願意討論朋友和客戶，說我們多麼喜歡他們、他們幫了我們多少，但反而很不願意稱讚自己。你其實懂得宣傳，也天天都在幫別人宣傳，但在自我推銷這方面，你就是不知所措。

你不敢在課堂上舉手，就算你知道正確答案。

不管是在教室還是大型會議室，很多人都缺乏「舉手說出答案」所需的低調自信，但我還是想幫助你做到這點。

你期望你的工作成果能產生自我推銷的效果。

這種想法很常見，而且影響我們每個人。然而，你的工作成果其實沒辦法自我推銷。沒人了解你做了什麼，或是你投入多少心血。你如果不跟人們分享你的工作成果，也不會有人幫你說出來。如果你的工作具有高度技術性或難以用言語說明，那你必須學會清楚地向人們描述，好讓他們明白你的成就。

你不願邀你應得的功勞。如果你是跟團隊一起工作或處於較低階的職位，你的名字並非看板人物，這個問題就比較可能發生在你身上。邀功需要維持微妙的平衡，因為你不僅要讓人們注意到你的貢獻，也得讓你的團隊和老闆超有面子。

很多人都對「大聲說話」感到恐懼，尤其是公眾演說，這種恐懼曾影響我和我認識的許多人。二〇一二年的一項研究指出，很多人對公眾演說的恐懼高過對死亡的恐懼。我剛剛說過，我在上臺演講的開頭三十秒會感到驚慌，總覺得自己一定會當場暴斃，但我現在還活得好好的。

你絕對能夠跨越這種恐懼，就算你覺得很想逃跑、躲藏、嘔吐或是搞失蹤（我聽過各式各樣的故事）。我這十年來建立的事業，是幫助人們了解自己是誰、想在公眾眼中成為什麼樣的人物。他們雖然一開始不知道這些問題的答案，但一旦弄懂後，就能贏得高階職位、能上TED演講、能達成他們為自己設定的精采目標。我會跟你分享經過實戰證明的諸多方法，讓你有效地推銷自己的成就，並達成個人目標。

你必須為自己而戰

著有《時尚人生》的「時尚教母」、紐約時裝週創始人、顧問暨主持人弗恩·馬里斯（Fern Mallis），曾對此做過完美注解：「吹響你自己的號角，因為你不一定總是能找到別人幫你吹響。」除非自己說出來，否則不會有人知道你的工作成果。如果你沒辦法宣揚自己的工作成果，其他人也沒辦法幫你。

超強自誇術將帶領你找到、並提高你的嗓門，讓你發現目前的環境為何讓你無法自我推銷，並為你提供地圖，讓你透過我這十年來研發的策略和練習來自我推銷。本書中所有的策略都經過大量實測，包括我自己和我共事的人們。記住：

- 你其實早已做好準備，就算你並不覺得。
- 在談話中談到你的名字、推銷你自己，這點至關重要。
- 你配得上你的成就。
- 你的成就值得被拿出來討論。
- 你能得到想要的工作、能升職、能賺到更多錢、能對自己的工作有更好的感受，而且能感覺被看見。

超強自誇術會為你帶來這一切。

我希望你大聲點，對你的成就感到驕傲，但也希望你懂得運用策略。你需要制訂計畫來推銷自己，也需要明白「超強自誇」究竟是什麼意思。

超強自誇術的三大支柱

超強自誇術的三大支柱是自豪、大聲點和運用策略。這些要素能讓你在職涯上達成你想要的境界。有些人想要新的職位，有些人想集資創業，每個人對職涯的目標都不一樣，但超強自誇術都能讓你大展身手。你也不用擔心時機的問題，學習超強自誇術永遠不會太早，也永遠不會太晚。就從現在開始，不斷練習。我們每個人都是活到老學到老，所以「現在」永遠是好的開頭。

自豪

這是超強自誇術的首要支柱。你需要熱忱和驕傲。這不只包括你的成就，或在工作環境推銷自己，而是需要把你的成就視為**事實**。你如果不對自己的成就充滿熱忱，其他人也不會這麼做。如果你現在還沒達成那個境界，你遲早會的。但就現在來說，只要認真看待自己的工作，你遲早也能說服其他人。

請不斷對自己重複這句話：**「自誇其實就是陳述事實。」**事實：你曾為一家大型媒體發表一篇文章。事實：你曾為某個專案小組做出重要貢獻。事實：你贏得了一位重要客戶。事實：你在一場重要會議上清楚表達了你的訊息。我們很容易相信自己沒做出任何重要成就，但我們得把目光聚焦於工作、成就和人生的相關事實，這一切的根基都建立在確切的現實上。你的自誇將建立於真實事件，如此也更容易拿出來分享。你將從新的角度重新看待你的恐懼，列出所有事實和成就，這能讓自誇變得輕鬆許多。

況且，你也必須為了這個社會和世界這麼做——求求你！社會風氣讓我們經常偏離事實，因此，將自己扎根於以證據為憑的真實世界上，不只對自誇有幫助，也能讓人們**基於事實來進行談話**。

大聲點

我所謂的「大聲點」，並不是指你說話的音量，而是平時就要把自己和你的工作成果分享出去。大聲點的意思也是用你的發言來幫助其他人，不只是幫助自己。人們不會知道你是誰、你做了些什麼、你想要什麼、你需要什麼——除非你告訴他們。你必須把這些答案公布出來。有明確用意的發言，能為你帶來無法想像的效果。

你的雇主、客戶、朋友、同事和老闆，都想聽你表達意見。你如果不開口，其實就等於搬石頭砸自己的腳。你如果保持沉默，就等於對同事、公司的產品或自身的訊息造成阻礙。**你是因為你的觀點而擁有價值，所以必須分享自己的觀點**。而且說真的，「分享個人觀點」是你的工作之一，也是你受雇的原因。

運用策略

如果曝光率並不會為你的人生目標帶來幫助，追尋曝光率就沒有意義，反而只會帶來干擾。自誇的方式，必須能策略性地對你的目標帶來幫助。

能掌握目標，才能讓你專心於獲得成功。科技界的革命先驅賈伯斯說過：

人們以為「專注」就是對必須集中精力面對的東西說「好」……但專注其實是對既有的一百個好主意說「不」。你必須精心挑選。我們決定做某些事，還有決定不做某些事，其實都同樣讓我感到驕傲。創新就是對一千個東西說「不」。

你必須知道，自誇的目的是什麼？你想要什麼？你的企圖是什麼？別擔心，我們會把這些改變人生的大哉問切成小塊。也許你正在爭取重要演說或升職的機會，也許你只是希望能跟老闆談談你的努力付出；也許你只是希望能介紹自己，或在會議上舉手發言時不會緊張得冒冷汗。制訂策略，也能讓你找出你的受眾，去他們所在之處見他們，好讓他們更能吸收你的訊息。**你的策略將驅動你的自誇，幫助你得到想要的**。

超強自誇是什麼意思？

超強自誇術是……

利用事實來讓自己發光，說出你做過的工作的相關事實。

我對每個願意聆聽的人都這麼說：如果你完成了某項工作，那自誇只是把相關事實分享出來，而且實話實說至關重要。現在這個時代，「事實」和「假新聞」之間的界線模糊不清。你必須澄清是非，並讓旁人明白認清事實的重要性。我希望你能散發自豪的光輝。不管有什麼成就，都值得你自誇。

對自己和你的發言充滿自信：別因為焦慮或在意別人的眼光而自我設限。

超強自誇術能讓你在「你能拿出什麼貢獻」和「分享你的價值」方面建立自信。你的發言是有價值的，尤其對自己、雇主、朋友，還有你的未來而言。透過這個過程，你將不再在意別人的眼光，而成為更堅強的人。

說話大聲點：不只是在關鍵時刻，你的發言能幫助旁人，讓大家都有發言權。

超強自誇術不只是為了幫助自己。你如果能自信地分享工作成果，就能鼓勵其他原本害怕開口的人開口。你的職責之一，也是思索能如何展現其他人的聲音，他們也付出了努力，值得獲得肯定。我們沒辦法靠自己完成一切，而幫助他人能讓我們感到滿足，也能真正地幫到別人。

無論在網路上還是現實生活中，都要練習發言：知道自己想說什麼、怎麼說，而且目的是什麼。

你的目的就是自誇，而這需要大量的練習。值得擁有的東西，都需要時間、努力和訓練。你會學習如何運用這條自誇肌肉，但必須先多練練。不管你的面前是鏡子、朋友還是同事，關鍵是明白你想說什麼、怎麼說。

把自誇說得簡短又明確：使用具體又易記的詞彙來描述自己和你的成就。

說得具體是關鍵，能讓人記住你的訊息而且了解你。說得有創意，並且樂在其中，就能讓人們對你印象深刻。你不僅會變得有自信，也不會再覺得自己像個四肢僵硬、只會照本宣科的機器人。這樣有什麼好處？你可以做自己且樂在其中。

知道自己是誰，你希望別人如何看待你。

大多數人不會刻意選擇自己想要如何被看待的角度。我的工作之一，是鼓勵人們做出跟大局有關的選擇。如此一來，我們就需要後退一步，想想自己在工作場合中想當什麼樣的人。這並不容易，事實上，這可能很嚇人。想讓自己與眾不同，就必須弄清楚你希望自己因為哪些特色而聞名、在進入某個場合時想喚起什麼樣的印象。大多數人真的不會花時間考慮這些。

弄清楚為何自誇：你希望自誇能發揮什麼效果，而且明白達成這些目標會對你和職涯有什麼影響。

設定了目標，你就會更努力工作，更深思熟慮，不管你是想討論某個計畫案、取得演講機會，還是在網路上分享工作成果。不管那個目標多麼渺小（例如在會議上舉手發言，或跟某個朋友分享你寫的文章），這都是勝利。你該把這個成果記錄下來，並為此慶祝。超強自誇術的用意之一，就是自我慶祝，並明白你付出了多少努力。

懷著明確的意圖和感恩的心，明確地請求別人給你表現的機會：帶著善意，藉著幫助別人來幫助自己，並在過程中引導對方。

基本上，人們會想幫助你獲得成果，但你必須跟他們說清楚，在何時何地、用什麼方式幫助你，否則他們會不確定該怎麼做，只能憑藉自己對「助人」的理解來行事。請定義「對你的幫助」，並向旁人提出請求。雖然求助會讓我們覺得軟弱，但也會讓旁人明白求助不僅重要，也值得欽佩，而且務實。

超強自誇術不是……

捏造或誇大其詞：分享你的成就，但永遠別說謊。

說謊並不具生產力，也不具必要性，只會影響你和相關的人們的可信度。如果你想說謊，請管住自己。你目前為止擁有的成就，本身就已經足夠。想達成自誇的目的，並不需要誇大其辭。重點是自誇的方法，而不是內容。

缺乏重點的大嗓門：大聲但缺乏策略，只會對你造成損害，對達成目標毫無幫助。

字面上或寓意上的說話大聲，雖然能引起注意，但若處於錯誤的環境，再大聲也沒用。換言之，大聲但欠缺策略，乃弊大於利。學會超強自誇術之後，你就會懂得如何運用策略，在機會出現時行動。想清楚自己想說什麼，你就能讓過去的成就、專長和辛苦贏來的勝利，跟未來想達成、學習、獲得的東西變得一致。

總是拜託別人推銷你，卻不做出回報：自誇是一條雙向道，而且重點是你能明白鼓勵別人自誇的重要性。

請求別人誇獎你，是你必須學會的重要能力。同樣重要的是，懂得在什麼時候誇獎別人。有時候，選擇「不自誇」是正確決定。誇獎別人，讓他們成為焦點，你就做到了「雙贏」。

不讓別人跟你一起成為焦點：這個世界容得下每個人的獨特成就，而「嫉妒」只會扯你後腿。人很容易嫉妒。現在這個世界似乎就是會讓你覺得自己微不足道，我們總是看到許多人過著光鮮亮麗的生活。這種感覺很糟，卻也只是假象。要悟出這個道理，需要很多時間和自我控制。嫉妒心比什麼都能阻礙你，讓你看不見你的人生有多麼美麗。

使用有害的言語：為了自誇而抨擊他人，只會造成反效果。你出鋒頭的時候，你的朋友也會跟著出鋒頭。如果你為了出人頭地而抨擊其他人的工作成果，雖然會暫時覺得痛快，但從長遠來看，這麼做非常不智，而且充滿負能量。這不是你想給世界帶來的貢獻。己所不欲，勿施於人。當個好榜樣，因為你永遠不知道誰正在向你看齊。

對自己和工作成果抱持負面態度：自我小覷，妄自菲薄。對我們最不友善的人，往往是我們自己。對我說過最刻薄的話語，都是出自自己的嘴，而非他人。我們給自己最嚴厲的批評，而最辛苦的工作之一，就是努力改變對自己說的話。重要的是，對自己就事論事，做出健康的批評，而不是對付出努力的人——也就是自己——做出刻薄的批評。

以上是這趟自誇旅程的規則。如果需要，你可以隨時參考，無論是在閱讀本書、在日常生活中，還是你想刻薄地對待自己或嫉妒他人的時候。這些規則讓你知道該做什麼、不該做什麼。這些規則不是聖旨，而是自誇時的緩衝器。

我會帶路，教你怎麼做

我的使命就是改變「對講話大聲但欠缺資格的那些人做出獎勵」的那套制度。但我想把話說清楚：我們開始進行超強自誇的時候，工資差距不會神奇地消失，這世上被邊緣化的那些聲音也不會突然被聽見。這種期望會對你——親愛的讀者——造成太大的壓力。但只要你提高嗓門，學習為自己和旁人發聲，就能對置身其中的制度施加壓力，並開始慢慢改變它。

年輕人（尤其是女性）來我的公司「FinePoint」應徵時，我看到這套畸形制度造成的影響。被問到工作經驗時，這些年輕人不自在地做出自我貶低的答覆。我有些朋友也有這種問題，他們常常羞於討論自身成就，結果我成了他們的公關，但我還是希望他們能學會如何自我宣傳。與客戶合作時，我發現就連位高權重的人，像是執行長、政治人物、科技專家、產品天才，都不懂得如何自誇，於是我決心要改變這點。世上沒幾個人試著解決這些問題，過程雖然因此更為辛苦，但我持續努力，傳揚這份訊息。

這十年來，我透過FinePoint訓練了數百人，提升了他們的能見度、音量、個人品牌和整體吸引力。他們大多數是新創公司、品牌或企業的領導人物，來向我求助時並不確定自己是誰，在網路上和現實生活中想當什麼樣的人。我設計並舉辦了數百次工作坊，教導人們如何使用自己的聲音。我曾多次在公司、大學和活動上演講，讓聽眾記得他們做過的事情很重要，值得稱讚，而且非常值得分享出來。

透過超強自誇術，你就能為「健康自豪」帶來貢獻。提高你的音量，為自己和別人自誇，其實就是在訓練你談到自己的成就、能力和資格，別過度謙虛。不管你是職場新鮮人，還是迅速爬到高層的領袖，超強自誇術能幫助你重新看待自己的成就，並有效排除干擾。

你不需要挖得很深，就能找到自誇的理由。你會發現自己擁有很多值得自誇的東西。你，合格沉默者，已經做好準備，並且有能力去做。和我大部分的客戶一樣，你擁有所有的必要條件，而且能獲益良多。

就位，準備，起跑！

◆**你聽見「自誇」二字時有何感受？**

如果你對這兩個字還是有負面感受，別忘了，你必須為自己而戰。在談話中談到自己的名字、推銷自己，這點至關重要。你配得上你的成就，你的成就值得被拿出來討論。你能得到想要的工作、能升職、能賺到更多錢、能對工作有更好的感受，而且能感覺被看見。

◆**你是不是合格沉默者？**

確認你目前在超強自誇術這趟旅程上的位置，以便檢視自己的進展。

第二章 自誇為什麼這麼困難？

自誇很難，是因為保持沉默很容易。誰不喜歡容易？選擇做困難的事，需要很多膽量，但自誇是需要鍛鍊的肌肉。你可能擔心，自誇會讓你成為被抨擊的目標，聚光燈會集中在身上，讓你變得脆弱。身為人類的我們並不想變得脆弱，因為這種情緒不僅嚇人，也可能引發痛苦。

自誇是你的工作，更是義務

不知道從什麼時候開始，我們認定自誇不屬於「工作」的範疇。我遇到的客戶經常對我說：「我寧可埋頭苦幹，也不想花時間和精神為此自誇。」但你知道嗎？自誇其實是工作的一部分。嚴格來說，是很重要的一部分。想讓自誇產生效果，你就需要付出許多努力。覺得脆弱、尋找適當字句、自我感覺良好、展現自信……都是你的工作，而且在職涯中有必要不斷練習這些項目。這些工作相當困難，因為做起來違反直覺。

阿曼達·荷許（Amanda Hirsch）是「Mighty Forces」的創辦人兼董事長，在二〇一九年曾與女企業家潔西卡·布魯姆和珍妮特·哈里斯一同進行研究，探討女性和自我推銷之間的關係。荷許指出該研究發現：「大多數的女性寧可不把自己的成功當一回事，也不想讓人們知道她們獲得什麼樣的成功。此外，許多女性表示，她們在聽聞其他女性描述自身成就時，會覺得受到鼓舞。意思就是，我們雖然都說聽見其他女性分享自身成就，讓我們獲益良多，但我們自己卻不願意開口；不僅不願意，還寧可貶低自己的成就。」荷許好奇的是，自我貶低什麼時候成了「禮貌」？

為什麼我們會為了維持禮貌而丟掉自己的力量？為什麼我們在自我推銷時會覺得這麼不自在？我得跟你說個壞消息：人不會讀心術。他們不知道你是誰、做過什麼、想做什麼，除非你告訴他們。我經常引述一句關於新聞工作的古老格言：「你必須告訴人們你打算對他們說什麼，接著你必須告訴他們，然後你必須告訴他們你剛剛對他們說了什麼。」亞里斯多德最早提出這個觀念，是為了宣揚文字前後一致的重要性，但說出這句古老格言的，是一九〇八年的一位英國牧師，他描述自己如何寫下證道詞。「不斷重複」的力量非常重要。

多虧了古希臘哲學家和一九〇〇年代的牧師，我們從很久以前就知道，如果希望人們注意你，你就必須大聲又自豪地自我陳述，也就是自誇。但對很多人來說，另一個完全不同的觀念深植於我們心中：我們應該「謙卑」地看待自身成就。（而對女性而言，

「謙卑」的意思就是「沉默。」」）魯維．阿加伊（Luvvie Ajayi）是暢銷作家、演說家兼數位策略師，她表示：「我們認為保持沉默是高貴的舉動。」她認為我們應該停止故作謙虛，並開始自誇。「我不認為沉默會讓我們變得高貴。我們需要確保自己得到應得的功勞。過度謙虛，只會把自己搞得很沒價值。」

一般人從小到大都不想成為公眾人物，但如果我們的工作能為世界帶來貢獻（通常都有），就該接受職涯的這部分事實。艾美．韋伯（Amy Webb）是量化未來學家兼暢銷作家，她表示：「我原本無意成為公眾人物。」但對她來說，如果你的工作對人們來說很重要，超強自誇就是必要的一部分。韋伯說明：「如果我把Future Today Institute領導得很好，如果這份工作有其重要性和價值，那麼人們就會希望我談到這份工作。我現在已經把『面向公眾』視為工作的一部分。」

如果你想拿到很多人在競爭的實習機會，卻無法用明確又好記的詞彙來描述自己，或在提及自身成就時使用太多形容詞，就可能得不到想要的工作。如果你是攝影師，你的客戶可能不知道你花了多少時間調整每張照片的色彩，讓它們顯得更活潑、更平衡。如果你想為一間新創公司募資，但無法簡要、聰明、直接地表達這家公司多麼有潛力，就無法埋下取得資金所需的種籽。人們都很忙，需要你教他們如何欣賞你在幕後付出的辛勞。你如果想拿到酬勞、想獲得應有的讚賞，就需要自誇的能力。

這不僅關乎獲得晉升和領導職的機會，荷許表示：

如果有更多女性願意說出自己的故事，用更顯著的方式說明自己是誰、在這個世界上做些什麼，就能改變人們對「女性能有什麼成就」的觀點。如果更多女性領袖願意花些時間說出自己的職涯故事，人們就更可能覺得女性能在政界、商界、娛樂圈、科技界和任何領域擔任領導職。我們就可能不會再認為，領袖一定是年老的白人男性。

這個世界獎勵大聲

我們的經濟和媒體格外看重「音量」。尤其在美國，我們獎勵大聲的人。音量和功績之間有個很糟糕的反向關係，而且這會造成不公平的結果。看看任何行業，你會發現在雜誌封面或在會議上演講的人，未必是最有資格的人選，但他們很擅長宣傳自己的工作和能力。在重要平臺上侃侃而談的人，很少是履歷最豐富或擁有最多學位，而是不害怕上臺開口。看看我們用金錢、權力和職位獎勵什麼樣的人。

大聲比功績更重要

大聲的人懂得如何操弄這套制度，也因此常常懶得提升自己的實力。他們發現實力並不重要，因為其他人都忙著自我質疑，都不敢開口。

被忽視、被小看的人，承受痛苦和羞辱，社會因此要面對「非功績制」造成的廣泛後果。大聲者掌握了發言權，結果我們無法獲得所需的資訊，不管是科學、經濟、媒體還是法律界（或任何行業）。長久以來，我們把目光放在錯誤的人身上，就因為他們的音量和表演能力。

最糟的自誇：犯罪

人類深愛詐騙、虛張聲勢和說謊，著名的案例就是伊莉莎白·霍姆斯（Elizabeth Anne Holmes）。曾是矽谷看板人物的她，原本即將成為STEM（科學、科技、工程和數學）與企業家的新招牌，但她其實是典型的大聲撒謊者。對許多女性（尤其是商務界的女性）而言，霍姆斯象徵著未來。她掌握大權，特立獨行（她喜歡騎交叉滑步腳踏車在矽谷穿梭，且不吃固體食物），她是白手起家的億萬富翁，對科技的精明程度絲毫不輸主流企業。霍姆斯上過各大雜誌封面，包括《財星》和《紐約時報》，《Inc.》雜誌封她為「下一個賈伯斯」。

然而，霍姆斯所創立、號稱將「改變遊戲規則」的Theranos血液檢測公司，其實是個騙局。這家公司沒能成功，而它的垮臺就跟霍姆斯的崛起一樣知名。她把自己塑造成天神，獲得無數的媒體曝光和金錢，卻缺乏能讓公司真正成功的實力。此外，她在拿人們的性命開玩笑。她開發的東西不是一般的手機應用程式，而是一套健診科技，號稱比當今的驗血技術更先進。這點令人驚恐。

Theranos不是唯一一家音量大但滿嘴謊話的企業。安隆公司的執行長也曾是各大雜誌的封面人物。這兩家企業都有個大嗓門領袖，卻缺乏獲得成功的基礎。更極端的是，他們為了出人頭地而做出非法行為。雖然這兩個案例極不尋常，但也證明了人們傾向相信說話最大聲的人。我們習慣了相信人。

那麼，我們該怎麼做才好？怎樣才能讓那些說話大聲的人小聲點？這個嘛，我們做不到。我們只能鼓勵合格沉默者大聲點，說服原本那些大聲的人別霸占麥克風。長期以來，市面上有太多缺乏經驗的「專家」，太多沒付出努力的評論員、演說家和領袖。合格沉默者做出了努力，現在需要為此自誇，也就是必須提高嗓門，把自己的成就說出來。而你，合格沉默者的一員，有很多東西可以自誇。既然如此，為什麼自誇這麼困難呢？

阻礙你自誇的理由

以下是這十年來，一些客戶和聽眾對我說過的話：

- 「我很害怕／恐懼／丟臉／緊張／焦慮。」
- 「如果讓人們覺得我像個混球怎麼辦？」

- 「我見過很愛自誇的人，我討厭他們，我一點也不想跟他們一樣。」
- 「我懂得不夠多。」
- 「如果大家討厭我怎麼辦？」
- 「人外有人，天外有天。」
- 「如果根本沒人在乎我說的話呢？」

娜塔利．莫利納．尼諾（Nathalie Molina Niño）是BRAVA投資公司的創辦人，著有《女性創業養成記：跨越資金與人脈的門檻，讓妳發揮自身優勢的50個妙計》（*Leapfrog*）。她指出，一般人是出於某個發自內心的理由而抗拒自誇：他們認為自誇是走捷徑。她告訴我：

女性，尤其是有色人種，對我在《女性創業養成記》中提到的「捷徑」真的很反感。她們常常把這個字眼跟「作弊」聯想在一起。我每次想到該如何有效自誇時，就會想到這件事。我們應該明白，我們內心裡有個創傷。人們總是讓我們以為，我們能得到某個工作是因為「平權行動」，或是為了滿足某個配額。又或者，妳是滿足某些弱勢條件的女性，因此比一般人更有資格獲得某個工作。我們常常聽見、感受到這類貶義詞，所以不願走有效的捷徑。

而在許多方面，這就是超強自誇的意義，它是一個**有效率的辦法**，能讓人們注意到我們的工作、成就、天分和影響力。超強自誇絕對好過等別人來注意你，也就是等你的工作成果產生自我推銷的效果。

莫利納·尼諾鼓勵我們做出相反的舉動。「我們需要全然接受『跳蛙』（原文書名）這個概念，連同捷徑的概念，」她解釋：「任何擁有實力、影響力，甚至資金的人，之所以能成功，就是因為走了某種捷徑。有些捷徑甚至不是你能選擇的，例如有些人湊巧在比佛利山出生，而不是芝加哥的南區。這就是捷徑。我們必須跳出這方面的限制，為了達成這個目的，我們最好走捷徑。」**我們最好自誇**。

「我覺得自己像個騙子。」

冒牌者症候群（Imposter syndrome）這種心態，是覺得自己是個騙徒，並擔心人們遲早會發現你是騙徒。這種心態跟對自誇的恐懼緊緊綁在一起，這兩者是表親，都跟不穩固的自我價值有關，讓人害怕露出脆弱面，而且缺乏自信。兩者都只是感受，真實存在，卻也不真實。冒牌者症候群及對自誇的恐懼，讓我們相信我們配不上自己的工作、重視和稱讚。這些感受暗指的恐懼是，我們的人生或工作沒有意義。

雖然現在有很多人討論冒牌者症候群，但這個名詞最早出現在一九七八年的《心理學與心理治療：理論、研究與實踐》期刊上，標題是「高成就女性當中的冒牌者症候群：力度與治療介入」。波林・克蘭斯（Pauline Clance）是該研究的作者之一，令她感到懊悔的是，她當初把它定義成心理問題，而不是「人類體驗」。「如果能重來，」克蘭斯告訴《Slate》雜誌：「我會把它說成『冒名頂替體驗』，因為它不是症候群，不是情結，也不是精神疾病，而是每個人幾乎都會有的經驗。」

別誤會：幾乎每個人都會面對「低自尊」的問題（像是內向、喜歡自我批評、拿高標準對待自己，還有大多數的女性——也可能就是正在讀這本書的你）。我三不五時（好吧，其實是常常）會想，人們會不會在今天發現我其實都是在胡說八道。跟很多人一樣，我腦中經常出現這種想法。自我審視雖然是好事，但你也該拋下冒牌者症候群了。自誇能幫你做到。

想想你的經驗、專門技能和專業能力，你就會意識到，這種「擔心自己是騙子」的感受，只是源自焦慮。認清事實，看見自己的專業能力，自我懷疑的感受就會消失大半。

「要是我聽起來太有侵略性或令人反感，怎麼辦？」

你確實該在乎你說的話聽起來像什麼。這類擔憂並非胡思亂想，尤其如果妳是女性。我相信每個人都有故事，或聽過外人給我們的批評，讓我們記得必須注意自己的語氣。某次接受電視訪問時，我面對的批評是，我太常使用「就像」（like）這個字眼。還有，我在某個企業家晚宴上自我介紹時，有人說我「真的很討人厭」（那個人說這句話的時候不夠小聲！）。高中畢業紀念冊的編輯修改了關於我的注解，取笑我在課堂上太常舉手。我知道這會讓人做何感想，而且這種感受很差勁，很傷人，過了這麼多年我依然記得一清二楚。

大家都害怕被說「討人厭」，但這種恐懼對女性的影響更大。長久以來，社會對女人的要求就是「懂分寸」，而我常常被批評「不懂分寸」或是「太多話」。數百年來，女人被要求「打扮得漂亮」且「閉上嘴巴」。一九五五年五月份的《家政月刊》，刊登了一篇名為「賢妻準則」的文章，其中的一條箴言是：「妳也許有十幾件重要的事情要告訴他，但別挑他剛回到家的時候。讓他先說話。切記，他提出的話題遠比妳的重要。」「女人該閉嘴」的這種想法歷史悠久。瑪莉．比爾德（Mary Beard）是劍橋大學的歷史學暨古典學家，她表示荷馬於西元前八百年的著作《奧德賽》，很可能是西方文學中「第一個清楚寫明男人叫女人閉嘴」。奧德修斯的兒子鐵拉馬庫斯，對患病多年但依然保有行動力的母親潘妮洛碧說：「回妳的房間去，去做妳的事，去紡紗織布……說話是男人的事，所有的男人，尤其是我，因為我的話語代表這個家。」也難怪妳在開口說話時會感到不安。「女人有所欲求，說出自己想要什麼」乃是禁忌，而過了這麼多年，我們還在對抗這個觀念。

如果妳是女性，就連開口時都會受到監控和懷疑，這會讓妳不願開口，尤其如果妳的嗓音比較尖銳。《公共科學圖書館：綜合》進行的一項研究發現，「男性和女性在挑人選時，都喜歡嗓音較為低沉的女性。同樣的，男性比較喜歡嗓音低沉的男性。相較之下，女性並不在乎男性嗓音是高是低。」

我們被訓練成喜歡較為低沉的嗓音，有些研究甚至發現「嗓音較低沉的男性和女性，更可能成功獲得領導職。這可能也意味著，因為一般女性的嗓音都比男性尖銳，這或許就是為什麼擔任領導職的女性比男性少。」這點雖然令人沮喪，但我相信現況正在改變。社會對女性嗓音的批評影響了我的許多朋友，他們有些是播客主持人，有些是電視主播。我有些朋友經常出現在電視節目上，被認出來後，經常因為外表或嗓音而遭到批評，而事發當時我就站在他們身邊。女性播客主持人常常收到電子郵件批評她們的「氣泡音」（vocal fry）或提高尾音（我就收過這種信），這只證明了這個社會就是喜歡監管女性的嗓音。

而且這麼做很有效。女性保持沉默，在歷史上是標準行為。我們不習慣自誇，是因為自誇「不正常」。這個社會經常排斥「不正常」的行為，就算這麼做會阻礙進步。不過，這一切對我來說都是舊聞。我們可以選擇堅守這個慣例，但也可以承認這種風氣影響了每個人。我們可以說聲「老天，這可真糟」，然後改變原本的做法。我想讓妳覺得，妳有這些感受是很正常的。但我也希望妳能擺脫這些感受，勇於自誇。對女性來說，自誇一點也不吃虧。這是我的經驗談，因為我這十年來曾對超過一千人進行訓練和演說。

「可是我很內向。」

如果你是內向的人，意思就是你喜歡跟一小群人進行深刻的一對一談話，人群會讓你感到疲憊。放心吧，你並不孤單。大多數的人都兼具外向和內向的特質；就因為要學習超強自誇術，並不表示必須擺脫你的內向特質。

蘇珊・坎恩（Susan Cain）是暢銷作家、內向者專家，也是「寧靜革命」的創辦人，她認為每個人「大聲說話」的方式都不一樣。

許多公眾演說家都很內向。「在『什麼樣的人能成功地以有效的方式放大一個訊息』這方面，我們經常有很深的誤會，」她表示：「我在演說界見過許多人，有意思的是，他們大部分都很內向。」

我們需要使用策略性的音量。「我如果想讓自己成名，就必須表現得外向而且大聲。」坎恩說明：「有個辦法能讓你在做那些事的時候，覺得符合本身的個性：你在一般媒體或社群媒體上，可以想著你只是分享想法；如果你是喜劇演員，那你就搞笑。不管你是做什麼的，你的動機主要是分享技藝、想法、訊息或其他東西。」

「我就不是這種人啊。」

我們總是帶著成長時經歷過的痛苦、昔日的故事，還有童年回憶，而這些東西會影響職涯，連同我們的自誇能力，也會廣泛地影響工作。我經常與客戶一同挖掘他們的童年回憶，意識到過去的重大事件（例如在中學演講出糗）會阻止今天的你表現自己。

我開始走這一行的時候，從沒意識到在面對客戶時，將探索他們的心理和小時候學過什麼教訓。也許你有情緒化的父母，你為了適應而必須調整自己的行為，又或許你因為某種說話方式而遭到警告；總之，你會把這些回憶帶到每天的工作和成年生活。明白這個道理，並做出改變雖然困難，但並非不可能。認清這些規律，並明白你為何依然這麼做，就能幫助移除阻礙你自誇的障礙。

這也適用於家庭環境以外的地方。我小時候被霸凌過，永生難忘。我不確定我為什麼就是不把嘴巴閉上，就算被霸凌的時候也一樣。我沒閉嘴，而且我很幸運。我們在成長階段承受過很多痛苦，我希望你在磨練自誇技能和嗓門的時候，能運用那些回憶。

你不需要讓過去阻止你自誇。請對自己和你的成就感到自豪，並且愛自己。然而，這些情緒經驗確實會影響你，也確實需要時間來了解，並讓心靈痊癒。溫柔對待自己。你在今日的互動中想起過去的回憶時（例如，有人讓你想起小時候被誰傷害過），請仔細觀察在溝通時究竟需要什麼。你是成年人，能跨越這些路障。

「我爸媽不是這樣教我的。」

我透過工作經驗得知，家族規模常常會影響一個人對自誇的看法。家族規模能使得一個人變得沉默內向，不願說出心裡話。我有許多客戶來自大家庭，他們被迫應付這種家庭關係，不喜歡爭奪發言權和價值。

我們對發言權的看法，經常源自父母在「大聲開口」這方面如何教導我們（或不教導我們）。我很幸運有個暢所欲言的母親，她從不害怕大聲說話或分享自己的想法。

但不是每個人都這樣。許多人因為父母是沉默害羞的類型，或扮演傳統的性別角色，而對自誇感到焦慮。這也可能源自於較為傳統的家庭中，「女人該乖乖聽話，少出聲」之類的規矩會影響我們對自己的要求。

我有許多客戶有自誇障礙，是因為家裡深受宗教或軍人家教所影響。我把這兩個原因歸類在一起，不是因為兩者很相似，而是因為宗教和軍人家教都會強烈地壓抑個人特質。軍人家教尤其看重集體價值，鼓勵個體為了國家而犧牲自己，重點是群體而非個體。說真的，「侍奉」是個勇敢又高貴的選擇，但這種要求會讓任何人都不願自誇。

從長遠來看，這些家教方式並不是弱點，而是力量。你獨特的目光和經驗，塑造了今天的你。你在進行超強自誇時，立足於那些源自童年的經驗和力量，這讓你能強調自己的想法，表現出魅力，往前走。你並不需要把過去推到一邊，反而應該說出來，因為這讓你變得與眾不同。

而讓你不敢大聲說話，不敢被別人看見、聽見的外在阻礙，又該怎麼處理？如果你就是無法取得其他人為自己出聲的機制呢？如果你的權威和過去遭到質疑，你就像個透明人，那該怎樣自誇呢？

伊瑪妮·巴巴林（Imani Barbarin）是作家、溝通策略師、身障人士代言人，綽號「枴杖和香料」。她表示：「就算在邊緣化的社群，我們看重的依然是個人喜好，而非現實。」巴巴林指出，五個人當中會有一人在成長時成為身障者，而且黑人和原住民之類的有色人種更容易受到影響。然而，「身障人士的代表都是白人，而且是白人男性。一名有聽覺障礙的黑人對我說過：『有個白人告訴我，他們不知道黑人也有聾子。』」

巴巴林指出，這種「透明性」（不可見性）已經深植於我們的文化數十年之久。「大概從四十年前開始，我們才真正看到身障人士融入社會，而且至今依然不是百分之百。」而且「融入」並不等於「接受」。「我常常覺得我們的接納能力受到質疑。你在這裡做什麼？你在這個房間裡做什麼？你這種人不是應該去特定的地方待著？這種說法暗指的是，我們不該出現，不該在桌邊坐下。而這種事天天都以非常低調的方式發生。」

這種文化中根深柢固的系統性障礙，讓身障人士缺乏曝光，也無法取得資源，形成了一種惡性循環。「很多人不把身障人士的發言當一回事，因為不是面對面，」巴巴林說明：「原因是沒人讓身障者照自己的意願、用自己的方式發言。就算我們占四分之一的人口，就算我們是社會的一部分，仍舊總是質疑我們所用的辦法是否有效。」她指出，讓人們有平臺說出「我存在」是多麼重要，尤其是她所謂的「邊緣人中的邊緣人」。

那麼，你在面對這些阻礙的時候，該怎麼做？答案還是自誇。巴巴林說道：

我認為我做過最賦予自己力量的事，是我意識到我既然一無所有，也就不該害怕嘗試。在黑人社群當中，我屬於被邊緣化的身障社群。人們可以大聲說我錯了，但現實上，總是有人缺乏仰望的對象。我們也應付過沒人為我們出聲、我們自己缺乏發言權的問題。如果你能成為從小想成為或是需要的那種代言人，你就該這麼做。別擔心誹謗你的那些人，也別擔心會懷疑你的那些人，因為他們從一開始就不是站在你這一邊。

辛蒂・肯特：在細線上溜冰

辛蒂・肯特（Cindy Kent）是健保主管兼演說家，她認為以黑人女性的身分遊走於公司文化，就像走在一條繩索上。在職場上，肯特必須懂得「拿捏分寸」，或是應付公司任意加諸在她身上的標準。

「他們先是說：『妳得小聲點，妳在會議上太常對高階主管說話。』兩個月後，他們給了我完全相反的意見：『我們看不見妳，而我們需要更常聽見妳發言。』

像我這種擁有雙重弱勢身分的人，就像時時刻刻在一條細線上溜冰。「你就算堅強又有能力，但人們不接受，不期待你如此表現，或很少看到你如此表現，你就會覺得自己在公司裡格格不入。人們會試探你、窺探你，有些人會喜歡你、欽佩你，但你必須準備好面對各種不同的反應。有些追根究柢是生存的本能，看你能不能撐到最後。我必須表現得更引人注目，否則他們不會把我當一回事。」

自誇賜你力量。你將能夠掌控自己的故事和說詞，避免被別人搶先一步。你的故事由你一個人來說。你沒辦法控制聽眾、批評者或系統性的因素，但你能盡量讓自己覺得強大。創造談話，遠比改變談話容易。你花時間努力，是為了建立自己的談話，關於自己、工作，還有目標——我知道，因為我每天都在幫助人們這麼做。

你剛開始做時會自我懷疑。這完全正常。我希望你能對自己的力量感到自在，對自己感到自豪，而願意把你做過的事情分享出來，就算這個社會希望你閉嘴。就算你感到自我懷疑，但只要願意質疑這種感受，並勇往直前，就遲早能說出有力、慎重又強大的訊息。我會教你這麼做的一些臺詞。

就位，準備，起跑！

◆你覺得自己是內向還是外向？這如何影響你對自誇的感受？

◆你經歷過這一章提到的哪些恐懼？

◆寫下兩、三個小時候聽過關於自誇的「規矩」。

第三章 自誇三大支柱①：自豪

從別人嘴裡聽見，自己才會相信

以前有個叫凱特（化名）的客戶來找我，希望我能協助她在發表得獎感言時有效自誇。凱特不僅不自豪、不大聲，不懂得運用策略，甚至不認為自己值得拿這個獎。聽她說覺得自己不配拿這個獎的時候，我差點翻白眼翻到後腦勺。她講這種話雖然令我洩氣，但我還是很高興她懂得為了發表得獎感言而求助，而這就是她為什麼來找我的原因。

我幫助凱特回想她獲獎的每個原因：她數十年來的貢獻和努力，為組織帶來了多少成長（雇了多少員工、賺了多少錢、獲得多少知名度），她的優秀領導力，還有同事對她的大好評。她不是不小心跌一跤撿到這個獎，而是二十年辛勤工作和奮鬥的成果。我在幫助客戶學習超強自誇術的時候，有時要做的就是讓他們想起自己有什麼成就。你也可以請身邊的人這樣幫你。很多人就是需要從別人嘴裡聽見，自己才會相信。

你的成就不是撿來的。你並不是彈個響指，就神奇地獲得升職或成為專案小組成員的機會。如果真有這麼容易，你就會看到一大堆人拚命彈響指。你是付出努力才贏得那些機會的。你有資格站在你的位置上，也有資格被聽見、看見。「人們讓你跟他們一起工作，並不是施惠於你，」魯維·阿加伊表示：「而是因為你貢獻出價值。牢記這點，堅守這個立場。我認為我們很多時候並不相信自己有貢獻出價值，所以我們不堅守立場。」你擁有目前的地位，並不是因為有人弄錯什麼，所以別再覺得自己沒價值。這種想法不僅缺乏生產力，也欠缺真實性。

我和凱特合作的時候，列出她的諸多成就，彷彿這都屬於她的某個摯友，如此一來，她也能客觀地聽見這些成就。凱特聽了自己做過的一切後，更清楚明白她有資格得獎，而且也很興奮能榮獲這個獎項；也因為她依據自己的目的說出了絕妙的得獎感言，獲得了新的生意機會。

你為什麼在這裡？

剛開始跟某個客戶合作時，我做的第一件事，是問清楚他們想透過這次合作得到什麼，什麼樣的情緒障礙可能會妨礙他們自誇。我之前說過，我們心中其實有許多從小累積到大的心理和情緒，而我的工作就是處理它們。如果不先看清楚這些故事，一切就是白費力氣。接下來，我希望你對自己提出以下疑問，花點時間寫下答案，以便後續參考。

- 你為什麼在這裡？
- 你為什麼想學超強自誇術？
- 你希望看完本書之後能做到什麼？
- 「自誇」對你來說是什麼意思？
- 你聽見或說出「自誇」這兩個字的時候，有什麼想法或感受？
- 如果「自誇」讓你產生負面感受，你會如何描述這種感受？
- 這些感受連帶勾起哪些心理畫面或回憶？
- 你能否描述為何會出現這些感受和感想，可能跟哪些人生經驗有關？（例如，你的家人、工作、朋友，或某個群體讓你有過負面經驗。）
- 在你的過去中，有沒有其他事件能讓你明白對自誇的感受？
- 如果這些感受獲得解決，你覺得能做到什麼？
- 有沒有什麼更好的辦法，能讓你開始描述工作和成果？
- 你能用什麼方式在自誇方面求助？
- 你能向誰求助？
- 在這星期做哪件事可以讓你面對不自在的感受，並達成跟超強自誇術有關的目標？

在學習超強自誇術的旅途上，如果感到自我懷疑，請回來參考這些問題的答案。你的目標會讓你想起為何投入這件事，昔日故事也會讓你記得為何感受到阻力。我的期望是，你覺得不太應該為自己代言的時候，你的目標會戰勝來自過去的任何負面回憶。

你做過什麼？

接下來，坐在桌前，把你有過的成就寫在紙上，寫下客觀的事實。列出一切：小勝利、大成就，讓你感到自豪、想慶祝的所有成就。以下這份清單的部分靈感來自佩吉・克勞斯（Peggy Klaus），她著有《自誇！》，所創辦的「BRAG! Connections」計畫造福了各年齡層的女性；另一部分的靈感則來自我多年的工作經驗。然而，別局限於這裡分享的東西。你如果有其他感到自豪的成就，不管是個人還是專業領域，都請一一寫下來。

- 列出你這一年來的成就，每個月至少一個。
- 列出你這五年來最重大的幾個成就。
- 列出你在工作領域之外的成就。你是不是哪個非營利組織的董事會成員？你有沒有為哪個有價值的理念擔任志工？只要你覺得是成就，就把它寫下來。
- 列出在以前的公司取得、讓你覺得自豪的所有成就。
- 你把個性中的哪些層面帶進工作？你是外向的人嗎？擁有直覺力？有趣？你的個

性如何讓你在工作上變得更好？

- 列出你去年參與、最感到自豪的計畫案。哪些因素讓你對工作感到自豪？你為什麼喜歡那些計畫案，藉此有機會運用哪些能力？
- 你在目前的職位上最擅長什麼？
- 列出目前的工作最令你興奮的五個例行公事，寫得越明確越好。不需要一定是重大工作，只要是喜歡做的就行（例如，我個人很喜歡為重要會議準備資料夾，這會讓我覺得有條有理且掌握一切）。
- 列出你這一年來還有這五年來，對自己和工作取得什麼了解。
- 列出你這一年來還有這五年來，取得的任何新技能、能力、證照或學位。

你會發現，你做到的事情遠比意識到的更多。記住，哪些事算是成就，由你決定，別人沒資格代替你決定。

也請列出工作的成果。你的成就和努力如何影響了周圍的人？這一切都不是發生在孤島上：我們的行動會影響我們的工作、社群，甚至朋友圈的生態系統。如果很難看見自己的成果，可以詢問同事、朋友或其他對象。也許你在會議上做出的提議，為公司賺進了更多錢，這是很顯著的成果。也許你因為身為專案小組的成員而激勵了某個聽眾，他告訴你他的生意受到正面的影響。成果並不一定要為大批聽眾帶來改變；就算只是一名聽眾，也是好的成果。

別害怕詢問同事，請他們告訴你，他們認為你在公司裡最強大的特色是什麼。取得別人的觀點，能幫助你看到自己的價值，也能讓你發現原來有些事也算得上是成就。我們常常不把自己習以為常的能力當成能力。此外，接受同事對你的讚美，感覺也很好。

我的客戶在列出自己的成就時，常對以下這些情況感到自豪：

- 拿到一大筆獎金，因此覺得自己有價值。
- 爭取到超越以往的新生意。
- 在工作場合對霸凌者挺身而出。
- 把業務量提高了一倍。
- 跟資深主管和新進員工都相處得很好。
- 雖然家裡出現一些變化，還是成功贏得競爭激烈的升職機會。
- 成功向投資者推銷。

被問到哪些工作令他們感到興奮時，他們的答案是：

- 與潛在客戶開行銷會議。
- 為知名作家安排了成功的座談會。
- 解決新進員工的煩惱。

- 把重大任務拆解成便於進行的小型項目。
- 對新面孔推銷了自己的品牌。

他們也列出自己最擅長什麼：

- 任何客戶在即將發脾氣之前，我都有辦法安撫他們的情緒。
- 在我的部門裡，我最懂得察言觀色，判斷某個案子究竟進行得如何。
- 我擅長在需要的時候求助。

他們請同事或合作夥伴說出關於成果的意見時，聽到的是：

- 你把人際關係處理得非常好，讓人們覺得自在且受到重視。
- 你能優雅又有耐心地應付難搞的客戶，避免我們失去這筆生意。
- 你的冷靜和幽默感讓周圍的人感到愉快，再緊張的氣氛也因為你的存在而得以改善。
- 你付出的額外努力讓客戶非常開心，所以他們把合約延長了兩年，這意味著幾十萬美元的收入。

你的自我統計數字是什麼？

判斷在公事方面該如何自誇的一個好辦法，是弄清楚你的「自我統計數字」，利用這種數字來炫耀你的工作成果。自我統計數字是方便測量的方式，能評估你為公司帶來的價值。

- 你能不能把你的工作價值換算成金錢？（也就是完成的每一個案子，處理的每一位客戶，完成的每一筆交易。）
- 你為部門、為整個公司帶來多少進帳？
- 你的客戶帳戶值多少錢？
- 你曾為哪些重要推銷做出貢獻？
- 你管理多少人？進入公司後，這個數字有沒有增加？
- 從你開始擔任目前的職位，或從你在目前的公司任職開始，公司每年要你為多少計畫案打頭陣？
- 你在公司工作了多久？
- 你多快獲得晉升？

你的答覆可能是：

- 我處理的預算是一百五十萬美金，而自從我開始管理該部門，預算每年都增長了百分之二十五。
- 我每年處理七十五個客戶案件，這個數字從我開始任職算起，每年都獲得成長。
- 我管理一個五人團隊，並訓練其他主管處理這項工作。

請追蹤你的自我統計數字，寫下每個數字，不管它們有多小。

也請考慮你的成就的相關脈絡，因為它有時候比你完成的任務更重要。你是否在裁員期間成功守住了團隊？其他部門的開銷都在膨脹的時候，你是否成功地控制住支出？你是不是公司有史以來最年輕的副董？又或許，你投入的心血是不是比認識的人都多了二十年？

你也可以想想你的工作帶來了哪些直接的成果，例如「因為我在動物收容所的努力，老狗的領養率在第一年就提高了兩倍」。畢竟數字讓人難以辯駁（而且每個人都喜歡狗）。

建構你的自誇之詞

把你的成就包裝成事實的時候，**把話說得簡單明瞭，形容詞越少越好**，而且在自誇時**不要跟別人比較**：

- 我贏得這個獎項，是因為我為部門贏得了三位新客戶。
- 我贏得這次升職，是因為我管理了六個人，每個人都很開心，而且有所成長。
- 我成為這個座談會的一員，是因為我定期為這個行業寫專欄，而且擁有獨特的看法和經驗。

自誇也可能來自你在職場之外的成就。你是個完整的人，不是公司的機器人，意思就是，成就也來自你為工作和社群帶來的貢獻、在職場之外的興趣、改善你周圍人們的生活，或你擁有的其他愛好。你的嗜好通常也值得自誇，這麼做的影響力不只是陳述事實或統計數字。如果你安排一群同事進行一場有趣又好笑的「白象禮物交換」，你舉辦的這個活動就是對公司士氣有幫助。如果你展開行動，鼓勵更多同事去你參加的慈善廚房擔任志工，就創造了真正的價值，值得獲得肯定。

我們擁有的最強大工具，其實是語言。我大概不需要說服你相信這點，但這值得我重述，因為我們通常不會刻意決定要如何表達自己。我們就是這樣溝通，表達成功和失敗，並和周圍的世界互動。如果想更有效地自誇，就需要創造出屬於自己的語言，來幫忙自我宣傳。我雖然沒辦法給你現成的臺詞，但有些準則能幫到你。

如果你是以明確、慎重、務實且直接的方式使用語言，你和你的工作就能獲得大量機會。人人都在說話，但你是否真的考慮過遣詞用字、你究竟用什麼方式描述工作？這將決定人們是心不在焉地聽你說話，還是專心聆聽你說了什麼。你造成的影響越明確，效果就越好。

使用的每個字都很重要，用字錯誤會破壞自誇或公司的前景，更別提如果拼錯字或說錯名字，會讓人們發現你根本心不在焉。能讓你獲勝的公式，是使用前後一致的訊息，以及具有影響力、符合個人風格的語氣和文字。找出適合你的溝通風格雖然需要時間，但人們會因此想聽你說話，想把注意力放在你身上，而且想獎勵你。

超能力文字

文字擁有超能力。你選擇的超能力文字會讓人們知道你是如何描述自己。文字擁有幾個能力：首先，它們能讓你感覺良好，並讓自誇變得更有效；其次，文字有描述的功用，能協助你創造出自誇之詞。

以我自己為例。我總是確保我的嗓音和自誇之詞讓人覺得有趣、有深度，而且有幫助。我希望你會覺得我很好笑，覺得我在工作上付出很多心血，但我也想協助你達成你的目標，這就是為什麼我選擇組合這三組「超能力」文字：有趣、有深度、有幫助。你不需要也使用這三個詞，但它們是不錯的選擇。你選擇的文字會形成架構，並傳達話語的態度，能讓你在有效自誇時描述自己。我選擇這三個詞，是因為我希望人們這樣看待我，但它們也能輔助我想表達的語氣。

我在發表每一篇文章或故事的時候，都想達成至少一個形容詞。我並不需要每次都達成這三個形容詞。我也許在某篇文章裡顯得有趣，在另一篇顯得有深度，在第三篇裡顯得有幫助。我想確保我的超能力文字從長遠來看具有連貫性。

考慮一下語氣，還有你想傳達什麼，你能想到哪三個「超能力」形容詞？在下一頁，看看你想用什麼方式描述你的聲音，在相關的形容詞上打勾。你在閱讀、說出或聽見這些形容詞的時候，哪些最能鼓舞你？**這些形容詞雖然只是很小的樣本，但能刺激你的思考，在不知道該如何自誇的時候幫助你**。在我不確定該如何自誇或做出開場白時，就會複習我的超能力文字，確保試著表達的訊息符合我的長遠意圖。這能確保一致性，而一致性就是取得成功的關鍵之一。

請勾選適合你的形容詞，或寫下想到的形容詞。

☐ 緊繃　☐ 圓滑　☐ 急躁　☐ 情緒外露

☐ 嚴肅　☐ 受歡迎　☐ 自在　☐ 威嚴

☐ 低調　☐ 強大　☐ 興奮　☐ 可靠

□專業
□優雅
□古怪
□勇於冒險
□傑出
□具同理心
□大膽
□堅定
□受尊敬
□無懼
□完美無瑕
□華麗
□富想像力
□善良
□卓越

□有聲望
□合乎體統
□有資格
□怪咖
□光芒四射
□非凡
□莊嚴
□恭敬
□有責任感
□粗魯
□好譏諷
□多愁善感
□和藹
□精明
□惹人注目

□友善
□狂放
□無憂無慮
□受人喜愛
□活潑
□勇敢
□果斷
□戲劇化
□花枝招展
□有趣
□直白
□熱情
□令人印象深刻
□博學
□勇敢

□世故
□特異
□胸懷大志
□跋扈
□坦率
□有創意
□令人愉快
□高貴
□時髦
□浮誇
□真誠
□高尚
□愉悅
□精力充沛
□令人難忘

□自然　□助人　□靈巧　□值得注意
□不跟隨主流　□溫柔　□魯莽　□獨特
□熱情　□慎重　□嬉鬧　□值得信賴
□樂觀　□有價值　□活躍　□鮮明
□溫暖　□怪誕　□風趣　□熱心

別忘了，你並不需要永遠維持現有的特質。你可以查看這份清單，並隨著時間演進。我在十年前更在乎自己是否與眾不同，而不是有沒有對人造成影響。重要的是，你應該謹慎地判斷，**你想傳達給人們什麼樣的意圖和感受**。

我曾和一位名叫莎拉的客戶合作，她寫了一本很棒的書，卻不懂得如何宣傳。她很不習慣談論自己，因為她平時都負責處理幕後工作，覺得選擇成為公眾人物的那些人不太值得信賴。她懂得如何在複雜的事情上切入重點，所以在自己的發言上也需要這麼做。我們決定用三個重要詞彙來描述她的能力：「熱情」「細心」和「真誠」。我告訴她，從現在起，她每次自誇、分享自身成就的時候，必須用到這三個關鍵字，不管是用字、語氣還是感受。把心思集中在這三個超能力文字上，讓她在上臺的時候覺得更真實，也更自在。她不需要換上虛假的人格。如此一來，她成功推銷了自己的書，也獲得更多媒體曝光和演說的機會。

言語的破壞力：什麼話你不該說

懂得如何有效自誇，有時候就是懂得什麼不該說。超強自誇術的策略，也包括戒除你可能習慣使用的破壞性言語，或說出針對自己的負面評論。如果成天自我貶損，不僅會讓你難相處，也會影響工作。

「自我貶低」和「自我厭惡」之間有條微妙的界線。自我貶低的意思是，「我能拿自己開玩笑，但還是能認真看待工作」。相較之下，自我厭惡充滿負能量，令人退避三舍，並產生反效果。我們將一起探索這條必須時刻注意的界線。每個人在這方面都會犯錯，但越是注意這個問題，就越能避免使用這類言詞。

這個過程也需要反覆試驗與犯錯。我在演講時，常常自嘲自己喜歡穿工作服，看起來就像個幫人換機油的黑手。這個笑話總是獲得良好反應。我拿自己的衣服開玩笑，但並沒有羞辱自己。你如果自我貶低得太厲害，就會發現有人對你皺眉。有時候我的幽默感太黑暗，嚇到了一些人，因此得花不少時間調整，所以如果在第一次的時候搞砸，也別太在意。

「言語自損」有時候不算明顯，而是較微妙，但一樣充滿破壞力。我有個客戶名叫史黛西（化名），她提到工作時，總是使用修飾語。她是標準的合格沉默者；她在零售業工作了二十年，取得了大量成果，卻一直說她「試著」為這個行業帶來一些貢獻，就算她這二十年來明明已經有所成就。她這種說法實在讓我聽不下去。

史黛西建立了一套處於初期階段的科技與時尚平臺，卻表現得好像毫無成就。請避免使用「試著」或「嘗試」之類的修飾語，因為它們會讓聽眾覺得你很懶散。這種修飾語會讓潛在使用者、買家，甚至投資者，感受到史黛西的遲疑和自我懷疑，也會懷疑她的能力。我要不是早就知道她有什麼才能，不然也會以為她缺乏經驗，而拒絕認真地看待她。

這只是言語自損的例子之一。如果想展現你的活動力和積極性，就該使用積極的語氣，而不是消極的口吻，而這就回到我們的核心信條上：自誇是陳述事實。所以，請大聲又堅定地說出事實。史黛西創辦了一家科技公司，這是事實；她在這一行工作了二十年，對這個行業瞭若指掌，這是事實；她的產品與眾不同，這是事實。別未戰先怯，否則你就是在阻礙自己，也會阻礙所有的合作夥伴。

較明顯的言語自損，就是在自誇時妄自菲薄，而這就是我最討厭的，例如「容我無恥地自我推銷」「容我謙虛地自誇」（這個最糟糕！），或是「我討厭自誇，不過……」拜託別再說出這類臺詞，求求你，就當是為了我。這些自我破壞雖然並不是大聲說「我很差勁！」，但也一樣危險，簡直就像偽裝。這種習慣就像某種本能反應，我們每個人從小到大都被這樣教導，在覺得不自在或焦慮，或是覺得不該感到自豪的時候，說出這類臺詞。這就是為什麼超強自誇術要求你先接受某個感受：對自己做過的工作感到自豪。

你在自誇時絕對不該使用的臺詞如下：

- 自我推銷警告！
- 無恥的自誇時間來了。
- 我討厭自誇，不過……
- 容我無恥地自我推銷。（這個真的很糟，因為這句話把「無恥」和「自我推銷」連在一起。）

我們太習慣在言語上自我破壞，因此**甚至沒注意到自己這麼做**。當我指出這點，或在電話上責備客戶的時候（很溫柔、很明確地責備），他們常常根本不知道自己說了什麼。當局者迷，旁觀者清。既然你現在懂得在這方面自制，也能阻止朋友這樣自貶。

我最近舉行過一場自誇術的訓練演說，演講結束後是問答時間，第一個發問的是一名女子，她說道：「我的嗓門很大，而且我就是沒辦法停止說話。」她明明才聽完關於自誇的演講，卻忍不住自我批評，說出了我警告聽眾不該說的話。

我也立刻指出這一點。我告訴她：「妳的聲音是妳的，只屬於妳，而且我覺得很悅耳。」我請她把我想像成某個摯友，然後問她想對這個摯友說什麼。她聽懂了其中的差別，因此把剛剛的句子修改成「我喜愛我的大嗓門，而且我有個疑問」。她以自豪的心態修改了臺詞，這讓她聽起來更堅強洪亮。有時候，我們都會自我抨擊，或把心中的不安表露無遺。請周圍的人注意你有沒有說出這類自損臺詞，因為我們有時候很難注意到自己說話的模式。

言語自損的重點，並不是對某人提出批評，而是明白我們在什麼時候、用什麼方式做這種事來傷害自己。請像對待一個摯友或深愛的人那樣，對自己指出語言的破壞力。例如，「我要指出你這句話的缺失。你聽起來像是在自我羞辱，但你根本沒做什麼丟臉的事」。我對那名女子這麼說的時候，是希望她重新思考，使她覺得自己沒有任何問題，而不是讓她更感到羞愧。我們習慣了說出這類言詞，甚至沒意識到它們會造成多少阻礙。請確保對方已經做好準備，或願意聆聽你的意見。如果對方不願聆聽，只會造成反效果，對方甚至會換上辯駁心態。

你用言語傷害自己的時候，會造成以下後果。你想說明自己達成某種成就，但完全不知道如何表達，不知如何讓自己、讀者或聽眾感到愉快，結果你羞辱自己，或比別人更早打壓自己。也因為自誇讓你感到脆弱，這可能讓你害怕或不自在。但這是經過計算的風險。我們被制約太久，所以根本沒注意到這個問題。只要能清楚意識到這個問題，就等於打贏了一半的仗。

這類言詞不僅會對你的自我評價造成重創，也會讓聽眾不再把你當一回事。他們會懷疑是否該支持你，因為他們能察覺到你的語調和說話方式裡的焦慮，而這種感受會轉移到你最需要的人們身上，也就是你的聽眾。想讓聽眾覺得愉快、沉穩，而且知道你值得被聆聽，就必須用這種方式呈現自己。

這十年來，我幫助過許多公眾人物，我發現被抨擊的機率其實非常低。「害怕」是正常的感受，畢竟在社會上常常能看到有人被抹黑，但這種事發生的機率其實比你想像得低。不需要在討論你的成就之前先自我抨擊。女性尤其容易出現言語自損。為什麼？因為自豪又大聲的女性不僅遭到小看，也充滿羞愧感。我見過許多職業婦女最先對自己提出的論點做出批評。

負面的修飾語會為受眾帶來負面情緒。我如果看見你發表的文章裡出現「容我謙虛地自誇」這類字眼，就不會想支持或幫助你。嚴格來說，我不確定該如何看待你分享的訊息，大概也不會把文章看完。你感受到的那種負面情緒，會轉移到讀者身上。你應該告訴讀者或受眾，他們正在看什麼，而且他們能如何支持你。如果我覺得你沒辦法支持自己的成就，那我也不想支持你。

請考慮用我提議的以下臺詞來取代你原本的臺詞：

與其這樣說：	**不如這樣說：**
我討厭自誇，不過……	我很希望你看看我寫的這篇文章。
容我無恥地自我推銷	我發表了一篇與我的行業有關的文章，請分享出去。
自誇警報	如果你有看我最近上電視節目的片段，我會很感激。
推銷我自己	來看看我出席一場座談會的相關影片！我樂在其中。

自我貶低和言語自損的差異極大。自我貶低是刻意拿自己開玩笑，但毫無惡意。言語自損則會對你造成傷害，缺乏幽默或笑意，而幽默感能讓你變得討喜。但是兩者之間

的界線卻非常模糊。以下是關於兩者差異的一些例子：

情境	自我貶低	言語自損
指出缺點	就算在大學的時候，我也總是最後一個交作業。	你們都很了解我，知道我做什麼事都沒辦法準時完成。
計畫案	我很喜愛這個案子，也對成果感到自豪，雖然莎拉害我們很丟臉，因為她的 PowerPoint 簡報實在太強了。	我很高興你們喜歡我在這個案子上做出的成果，雖然我們都知道做得最好的其實是莎拉。
做出開場白	我負責管理一個非營利組織的某部門，組織迎來了這十年來最高的成長。幅度雖然不大，但確實是成長。	我不想顯得咄咄逼人，但我負責管理一個非營利組織的某部門，帶來了這十年來最高的成長。

請務必明白其中的差異。自我貶低能拉近人們跟你之間的距離，讓他們喜歡你開的玩笑，但言語自損會讓他們覺得緊張，結果拉開距離。兩者之間的界線向來微妙，而且你遲早會犯錯，但犯錯才會讓你學到教訓。

就位，準備，起跑！

◆列出你的諸多成就。

- 列出讓你感到興奮的五個例行公事。寫得越明確越好，例如跟客戶談話，或撰寫報告。
- 請同事說說，他們覺得你在工作上最強大的特點是什麼。這些特點跟以上的例行公事有什麼關聯？
- 寫下最令你自豪的工作經驗、會議、推銷或報告。你感到自豪的原因是什麼？你為何樂在其中？你為何特別適合那份差事？
- 你在目前的職位上最擅長什麼？

◆列出你的自我統計數字。

- 你為部門、為整間公司賺進了多少錢？
- 你的客戶帳戶值多少錢？
- 你為哪些大型推銷案做出貢獻、贏得客戶？
- 你管理多少人？從你開始任職算起，這個數字有沒有成長？
- 從開始擔任目前的職位，或從你在目前的公司任職開始，公司每年要你為多少計畫案打頭陣？

- 你在公司工作了多久？
- 你多快獲得晉升？

◆選出三個超能力文字，練習用這些詞說話和寫文章。

◆如果聽見自己使用破壞性的言語，請練習以下這類字句：

- 我很希望你看看我寫的這篇文章。
- 我發表了一篇與我的行業有關的文章，請分享出去。
- 如果你有看我最近上電視節目的片段，我會很感激。
- 來看看我出席一場座談會的相關影片！我樂在其中。

第四章 自誇三大支柱②：大聲點

聆聽自己的聲音，大聲發言

麗莎從小在保守的家庭長大，所在的小鎮也同樣保守。家中和社群裡的傳統性別角色，塑造了她早期的生活，「順從」被視為女人該有的態度。她在家裡不太敢發言，在鎮上也找不到勇於開口的堅強女性，因此覺得說出想法是一件特別困難的事。

即使麗莎出身自這種背景，仍舊想在職場上闖出一片天。她進入了由男人主導的金融業。麗莎表現得很好，卻沒有和股票經紀人一起在交易所裡咆哮，也沒有跟銀行家一起開派對。雖然置身於格外不利於女性的競技場，但麗莎真的很擅長這份工作。

等到麗莎希望獲得升職機會時，怯於開口這件事成了更大的問題。她知道自己很優秀，但她的背景和所處行業讓她很難為自己出聲。因為這個緣故，我以前的一位客戶跟麗莎提到我的工作，她打電話向我求助。

我首先和麗莎討論了她的偉大成就：她來自那種背景，卻能進入金融業。我告訴她，從小鎮進入龐大的金融舞臺是很了不起的成果，而且我不確定以前有沒有人對她說過這種話。有時候，有效自誇的一部分，就是明知道自己很害怕、有人叫你別去做某件事，但你還是去做。

我們接著討論她可以怎樣為爭取晉升而自我推銷。她做的第一件事，是請一位勇於發言的男同事在會議上支持她，觀察他如何在群體場合中討論自己的工作。經過幾次嘗試後，麗莎成功地大聲開口，並慢慢添加熟悉的題材。我請她寫下想說的東西，我有許多客戶都受益於此，不管他們資歷有多深。你可能想不到把臺詞寫下來的幫助有多大，就算筆記只是寫著「嗨，我的名字是〇〇〇」。準備好筆記，就能有效避免驚慌，這就是我每次上臺前都會準備好筆記卡片的原因。

麗莎開始在會議上開口，但她如果想爭取晉升機會，就必須跟大嗓門的男士競爭。因此，我請她做些一般的推銷前準備：備妥幻燈片和演講稿，連同給上司看的筆記和報告。既然想爭取領導職，麗莎也必須開始表現出領導力。她必須用積極的文字來描述資歷，描述她如何以堅強的領導力帶領計畫，並且把自己描述成領袖。她必須用言語來打下這個基礎，開始表現得像個領導者。

為了爭取晉升而表達自己的那一天到來時，麗莎已經做好準備。她拿出PowerPoint簡報，以及寫在紙上的工作歷練，心態上把自己想成領導者，成功地以自信又自豪的心態接受這份挑戰。最後她雖然沒能獲得升職，但老闆注意到她的變化。他叫麗莎繼續爭取之後的領導職，而這增強了她的自信，讓她覺得老闆對她有信心。

超強自誇術的第二支柱，是「大聲點」。當然，本書的一個重要論點，就是大聲的人妨礙了你被聽見和獲得成就的機會。但我所謂的大聲點，是指把音量鈕轉高，也把頻率轉高。如果這表示為每星期的會議做出貢獻，當然很好；如果這表示每季製作一份電子報，在社群媒體上宣傳，當然也很好。音量是相對的，分貝由你決定。我們的目標是在工作上取得自豪，並用對得起我們工作的音量把它分享出去。讓自己越來越大聲需要時間和努力，還有幾個我會在這一章跟你分享的技巧。

暢銷作家暨內向者專家蘇珊·坎恩，鼓勵人們用自己覺得自然的方式來大聲說話。她表示：「你表達自己的辦法是否和你的本質一致，而且能幫你達成目標？例如寫專欄文章之類的，讓你表達並分享專業能力。你採取的行動依然跟你的本質與價值一致。」

佩特·米切爾（Pat Mitchell）是TEDWomen的共同創辦人、PBS電視臺的前任總裁，也是CNN Productions的前任董事長，著有《當個危險的女人：接受改變世界所需承擔的風險》，她認為我們必須聆聽自己的聲音。「我們一旦聽見自己的聲音，就會知道它聽起來很有資格，聽起來有經驗，聽起來很聰明。因為女人都做好了準備。做好準備，付出努力，大聲說話，這些都是必要的。」事實上，米切爾非常鼓勵女性，尤其是年輕女性，在公眾圈子大聲發言；她為此舉辦了訓練會，甚至賄賂女士們參加。「只要妳提出第一個疑問，我今晚就請妳喝酒。」她的一些策略雖然看似搞笑，用意卻非常認真。「女人比較少要求加薪，」米切爾表示：「比較少爭取升職的機會。我們覺得自己必須拿更多資歷和經驗去爭取每個職位，我們也知道男性不會這樣覺得。」

露絲・安・哈尼希：永遠提高你的嗓門

露絲・安・哈尼希是專業教練、慈善家，也是哈尼希基金會的創辦人，懂得如何提高自己和其他人的嗓門。

「為什麼要大聲？你如果能大聲，那為何不願為那些沒辦法出聲的人發言？我搞不懂為什麼有人會無視周圍的無聲弱勢、系統性的不公平，還有受苦的人們。如果你覺得這麼做很重要，那麼策略性地提高嗓門就很重要。」

有話直說的重要性

想討論「大聲」，就必須先討論我們為何害怕「有話直說」。我所謂的「有話直說」，是指說出你的真心話，並為了目標而採取行動。我有許多客戶認為，如果表現得很直接，人們就會覺得他們很潑辣、粗魯或「惹人厭」。

我的母親是個很直接的人，她從以前到現在總是清楚說出想法，提出她的要求。我很幸運，這位女性榜樣沒有我那些客戶身上的制約現象。我從小被母親如此教導，所以總是直來直往，這個作風已經深植在我心中。

但是大多數的人對「有話直說」感到不自在，而且沒有榜樣教他們如何爭取想要的東西。某種程度來說，大多數的女性被教導的是，必須溫柔地提出請求，必須透過暗示的方式，必須很婉轉地表達自己的目的或感受，以免激怒他人。社會教導我們：怎樣都好，總之別直截了當。

而超強自誇術的一大重點，是發展出「說出真心話和目的」的能力，別遮遮掩掩，別擔心是不是會讓別人感到不自在。「扯下繃帶」遠比「扭捏作態」更有效。

例如，我有個很傑出的朋友，她創辦並管理一家擁有一百五十名員工的科技公司。該公司獲選為最佳新創科技公司之一，而且她的工作非常複雜。她寫了一篇文章來分享這個讚譽，而文章開頭寫著「我很討厭自我推銷」。我立刻向她指出這麼做不妥，我們一起寫了一篇新的文章，開頭表達她因為獲得肯定而多麼感激。她完全有資格獲得這項讚美，也有資格為此感覺良好。這只是表達我們多麼希望能獲得肯定，能被看見，並說出自己的成就。你會發現，不有話直說就是一種言語自損。想做到有話直說，你就必須先拿掉這種說話方式。

我的母親雖然很直接，但我還是花了很多時間訓練自己自誇、大聲說話。我花了十年研究如何為自己、我的工作，還有別人的工作成果代言。我不得不學習如何更好地進行對話，如何別再想著避免衝突，而且清楚地表達我想要什麼、達成了什麼。在這之前，我習慣支吾其詞，而如果這麼做沒有效果，我就會生自己的氣。我能肯定地告訴你：有話直說遠比吞吞吐吐更簡單又有效。

先花點時間來討論所謂的「有話直說」究竟是什麼意思（以及不是什麼意思）。一般人常常把「有話直說」跟「唐突」或「對峙」聯想在一起，但這不是我的意思，雖然我並不認為你在為自己發言時不能採取「唐突」或「對峙」的態度。有話直說的意思是，從A點前往B點的時候，中途不停步，也不繞路。換言之，你不需要編故事，不需要為自己辯解，不需要顧慮到別人的感受，不需要等候完美的時機，不需要「和藹親切」。你只需要以明確又簡要的方式，說出你希望他們知道的事情。

我認真地告訴你，在工作場合分享自身成就這方面，男女之間有著重大差異，成果也不一樣。某項研究指出，在同一個自我評估表上（一百分為滿分），男性給自己的分數通常都比女性高十五分。而給自己高分的人，更有可能獲聘，拿到更高的薪水。

在另一項研究中，研究員分析了超過六百萬篇刊登於醫學和科學期刊的研究報告，想查明「科學研究中自我呈現的性別差異」。這項研究想調查，由女性學者主導的報告裡，使用的自我宣傳文字是否較為負面，例如有沒有使用「新穎」「獨特」和「前所未有」之類的詞彙。結果不讓人意外：由女性主導的報告裡，使用的「正面措辭」比男性的少了百分之十二，意思就是女性比較不願意把自己的研究說得很重要。此外，比較願意使用正面措辭的研究報告，被其他科學家引用的機率會提高九％。馬克·勒臣穆勒（Marc Lerchenmueller）是德國曼海姆大學的首席研究員，他表示：「研究成果是否獲得引用，會影響學者是否獲聘、升職，而語言方面的性別差異很可能對職涯造成影響。」

女性很可能因為使用較為柔弱的字句，而使得自己的研究成果獲得較少的肯定。」與男性相比，女性在學術醫學上本來就獲得較少的升職機會、較低的薪資，以及較少的研究資金。羞於宣揚研究成果，對女性的職涯造成了嚴重影響。

既然如此，我們為何不大聲開口？因為我們知道自誇會引來批評。在另一項研究中，研究員觀察了美國一個大型組織為女性安排的專業成長計畫，發現：

> 參與這項研究的女性都知道提升能見度的獎勵，知道獲得注意（像是在會議上插嘴，或是為成就邀功）是獲得專業發展的傳統策略。儘管如此，許多女性還是刻意排斥這個策略。
>
> 她們在辦公室選擇避開風險和衝突的策略。女性採取這種「刻意透明」的辦法，來避免和同事發生衝突，用友善態度來軟化自己的魄力，並在避免引起注意的情況下「完成工作」。這麼做的後果，是她們常常覺得自己雖然討人喜歡，卻不被肯定。

這些女性雖然知道「能見度」能促進職涯發展，但大多還是選擇當個透明人。研究員發現，其中一個原因是，女性想避免自誇引發的批評。她們曾體驗或目睹過其他女性因為表現出權威或堅定態度而遭到抨擊。

我的客戶來找我，大多是想推動職涯發展，學習如何自我推銷，而且他們大多數也擔心會遭到批評。沒錯，你是有可能被批評，這當然可能發生，但你也可能不會因為自誇而遇到任何負面後果。事實上，學會如何為自己（還有別人）發聲，更可能讓你的職涯和前景獲得大幅成長。

說真的，我擔心的不是你在人們面前表現得大膽、無禮、具侵略性、唐突或好鬥。我擔心的，是你可能因為擔心這些事而避免自誇、分享自身成就。我寫這本書，不是為了幫助你繼續當個「好人」，也不是要教你如何管理別人的感受，而是教你如何更有效地自誇，並幫助別人自誇。

你周圍有沒有哪些人，尤其是女性，願意有話直說？如果有，請學習她們的直率。把她們當榜樣，提醒自己別再言語自損，並直白地說出自己的成就和目的。

在大聲說話這方面，我希望你練習說出自己有什麼成就，說出真心話，而且盡可能簡單又坦白地說出目的，別害羞，別扭捏，別支吾其詞。我不會向你保證，這麼做就能消弭工資差距，或是工作場合中的性別歧視和種族歧視，但我相信只要懂得運用嗓門，說出真心話，你的工作環境就會獲得改善。

辛蒂・加洛普的自誇分析：像男人那樣吹牛

辛蒂・加洛普是社會運動者兼MakeLoveNotPorn的創辦人，她認為「吹牛」是一門重要技能。她希望每個女人都能為了自己著想而學男人那樣吹牛，方法如下。

自我推銷是好事

「我總是對女人說，妳為什麼把『自我推銷』這件事說得像壞事？如果妳不推銷自己，誰會推銷妳？我希望妳像男人那樣吹牛。我是刻意使用『吹牛』（bullshit）這個字眼，因為我完全相信女人也做得到。妳覺得吹牛吹得多誇張並不重要，因為妳吹牛的本領永遠比不上男人。」

自誇就是正義

「你覺得你在吹牛，但其實是在公正地表達自己。如果妳是女人，如果妳覺得自己在自誇，請記住，自誇的時候，其實只是在公平地表達自己。」

這個世界叫妳別自誇，妳反而更應該自誇

「女人打從出生的那刻起，就被教導對自己的一切感到不安：我們的外表、走路的方式、穿衣的方式。『好女孩該這樣』『好女孩不該那樣』。我們一輩子都努力試著擺脫這種束縛，但有些女人從不這麼做。」

說出妳的真心話

「這個渺小的行動會改變妳的人生，促進妳的職涯發展。說出妳的真心話。我是說真的。把真心話說出來。因為我們就是不這麼做，尤其是女人。男人每天都對我們說教，打斷我們的發言，對我們充耳不聞，把我們看得比他們矮一階。妳得說出真心話，因為這麼做大概才會讓妳發現妳究竟在想什麼。妳如果老是壓抑自己真正的看法，妳就不再擁有它。」

妳的聲音就是妳的價值

「公司雇用妳，是因為妳獨特的貢獻、觀點、洞察力和視角。大聲要求妳想要的最高薪資，而且這麼做的時候別發出笑聲。這就是妳唯一需要做的。妳需要傳達這分價值。看看妳所有的成就，對它們提出所有權，並且說出妳值得擁有的價碼。」

自誇需要的積木

世上沒有所謂的完美自誇。然而，有四個要素能讓你更輕鬆地建構良好的自誇之詞。如何運用這四個要素，常常取決於面對什麼情境。有時候你會想表現得誇張點（我就是這種人——你可能已經發現了，我就是喜歡引人注目），有時候你會想表現得強硬點，有時候更優雅、溫順，這由你決定。方向盤在你手裡。

絕妙自誇的四個DNA

首先，超強自誇術是你內心對話的相互作用，你對自己和工作做何感想、你的外在表現，還有如何向旁人傳達這點。自誇要素的第一步，是你在心中有什麼感受。

良好自誇所需的四要素是：感激、自豪、呈現、吸睛。你可以當成參考用的準則。每次談到自己的時候，不是四個要素都需要用到，但你開口的時候，最好參考一下。你可以任意組合它們，或只使用其中一個。

▼感激

你決定表現得充滿感激之意，並把它說出來的時候，能造成很不可思議的效果。我發現強調感激的時候，就會給自己和旁人帶來喜悅的感受。聽起來好像很空泛，但大致是意識到你擁有什麼，並為此感到愉快。

分享自己的成就時，請懷著感恩的心。你選擇穿上大人的衣服，站上舞臺，說出感言。恭喜你！每一場勝利，無論大小，都需要你和其他人的心血。後退一步，看看你完成了什麼，看看你站在什麼地位上，並且享受這分快感。感激也意味著，偶爾對自己和周圍的人們說聲謝謝。這麼做也許很困難，但能讓你獲益良多，處於正面的心態，為你目前的地位、走過的路和未來感恩。你可能覺得並沒有走過什麼「路」，因為你被網路上大量的「善良」自誇淹沒了。但其實，我們每個人都沒有摸得到的「終點」，所以覺得自己好像停留在原地，有這種感受也很正常。

你如果覺得周圍的人們比你更成功，可能就很難覺得感激。你可能會一直都心情惡劣。我懂。我常常看一些人或新公司的Instagram，覺得他們就是比我好，比我漂亮，衣服比我的更可愛。而我每次這麼想，都會覺得心情惡劣。練習心懷感激，對我擁有的東西感恩，而不是想著沒有的東西，聽起來也許很像沒用的建議，但這麼做確實有效。活在一個講求新穎、速度和新鮮感的社會上，我們很難心懷感激，但這是你需要鍛鍊的肌肉。

感激之意需要時間和練習。在工作上尋找你為哪些事覺得感恩。我常常列出令我感激的所有人事物，不管這些看起來是多麼微不足道的成就或特色。清單上可能包括「我今天寫完了那篇文章」「我今天整理了床鋪」，或是「我超愛我的狗」。不管你是因為完成了一場演說或辛苦的會議而覺得感恩，小勝利也能累積成大勝利。思索這些事，能讓你記住獲得了多少成果。我自己在這方面也需要提醒。

克蕾兒．薩菲茲：最強烈的感受是感激

克蕾兒．薩菲茲（Claire Saffitz）沒想到自己會成為YouTube明星。這位廚師主持Bon Appétit頻道的「製作美食」系列節目，還寫了一本即將出版的烘焙書籍。她更習慣在幕後工作，完全沒料到數百萬人會觀看她製作垃圾食物的冒險之旅。

「我的目標從來不是站在攝影機前面。我從沒把自己當成表演者。被人們盯著看、成為眾所矚目的焦點，向來讓我覺得很不自在。在鏡頭前的工作，讓我得以探索以前沒注意到的自身特質。我也因此必須面對『不適合幕前工作』的這種個性，例如我是非常內向的人。」

如何制衡內向的個性？

「我認為我最強烈的感受是感激。我真的很感激人們觀看那些影片，而且樂在其中。他們的留言幫助我明白他們究竟為何喜歡那些影片。我的影片能讓他們忘卻每天的煩惱，讓我覺得很開心。」

懷抱著健康的感激之意，也能讓你注意到你對人生中哪些事感激，哪些事讓你覺得愉快。針對哈佛大學的「健康節奏」電子報所進行的幾項研究發現，「說謝謝能讓你更快樂」。說到感激，感謝你閱讀本書！你如果有多買一本送朋友，我會更感激你（啾咪！）。

你在自誇的時候，可以使用以下這類字句來表達感激之意：

- 計畫案的主報告採用了我的想法，我真的既興奮又感激。成果看起來很棒。我真想確保這種成果能再次發生！
- 我很喜歡跟這位客戶合作，我認為他也喜歡我的工作成果。我真的很慶幸能擁有這個機會。我很希望能有機會跟類似的客戶合作。
- 非常謝謝你在那場會議上稱讚我。這讓我覺得很愉快，而且覺得我的工作很重要。
- 我很慶幸能分享我參加的一場座談會的相關影片。
- 我很榮幸能成為這個行業的高級主管之一。
- 非常謝謝你們採用我，更謝謝你們讓我成為封面人物！如果十二歲的我知道我會有今天，一定會興奮得尖叫。
- 我竟然能和在座的優秀女士齊聚一堂，真的很感恩。

你使用的文字必須符合平時說話的風格。如果你的同事平時就常聽見你把榮幸、感恩和幸運之類的字眼掛在嘴上，在使用這些詞彙的時候，聽起來就會更真誠。如果他們發現你只有在自誇時才會使用這些詞彙，那聽起來就會很假。

分享感激之意，也能散播正面的感受。你如果提到跟成就有關的那些人，就能建立一個具有支持性的環境。分享感激之意，就能排除自誇可能造成的負面感受。你如果對人們說「我覺得很幸運，能參與這項特殊計畫」，或是「我真的很感激，能有機會帶領部門成長」，你的情緒會幫助人們在乎你的成就，而這種溫馨的感受會讓他們更想跟你合作，況且這麼做就是會讓大家都覺得愉快。

▼自豪

你應該為完成的工作感到自豪，並向人們傳達這點。「應該」是個很強硬的字眼，通常是用來責備自己沒做該做的某件事。而我想告訴你的是，你的想法和工作成果值得受到稱讚和肯定，但是接受這個想法其實非常困難。超強自誇術的觀念之一，是明白你值得受到稱讚，並判斷如何運用這個讚美。既然社會把你訓練成總是在自我批評，你就會對「自豪」感到反感，覺得不配為自己感到驕傲。想扭轉這點，你需要投入時間，觀察自己和工作成果。我也一直在這方面努力，因為我的本能是對自己吹毛求疵。

自豪很重要，卻常常讓我們覺得違反直覺。我們很喜歡批評自己。「聽人們說我們把某件事做得很差勁時，我們常常會覺得『他們說得沒錯』，」魯維·阿加伊表示：「然而，聽人們說我們把某件事做得很棒時，我們卻質疑他們的說法。我們為什麼願意接受批評，卻不接受讚美？」

自豪的一個美妙之處，是我們得以以身作則，而這能讓我們覺得自由。你如果把這種想法分享出去，正在聽聞你的自誇之詞的人們就會獲得鼓勵，也對他們自己的成就充滿自豪。你取得了成果，如今分享相關事實，你可以為此感到驕傲。你必須帶領這支隊伍，而我認為一旦開始這麼做，其他人就會跟隨你。

金柏莉．德魯（Kimberly Drew）是社群媒體策略師、藝術史學家兼藝術評論者，她指出：「許多人，尤其是有色人種的女性，被媒體和不良工作環境嚇得不敢信賴自己。我們常聽人說『唉，你真自大』『你有大頭症』『你太在乎自己』。可是我們不在乎自己要在乎誰？我們為什麼不能在乎自己？我們為什麼不能喜歡自己？這個社會想打壓我們，那我們為什麼不打回去？」這種心態也能幫助其他人懂得自誇。旁人如果看到你自誇，也許就會願意分享自己原本不願說出來的事情，所以你該為他們樹立好榜樣。

你可以試試以下這些範例：

- 我為上星期寫的報告深感驕傲。
- 我很高興能參與這個座談會，成員都是業界的大人物。
- 我真的很自豪，因為準時完成了這個大案子，而且它為我們的一位大客戶帶來了良好成果。

▼呈現

感恩和自豪是心裡的態度，培養這兩者就能讓你充分展現自己。呈現的意思是，讓自誇適合你想接觸的受眾。想做到有效自誇，就必須注意如何呈現你的成就，而不只是說出事實。如果你搞砸了這個環節，或沒考慮到使用哪種媒體，自誇就可能失效，等於浪費了一個重大機會（這是我個人最大的恐懼）。

請考慮如何展現你的自誇。分析你的受眾，判斷他們會喜歡什麼，決定哪種傳達方式最為理想。你的自誇是採取口頭方式、電子郵件、社群媒體、會議、演說？還是同時利用其中幾種？

面對不同的受眾和環境，你的呈現方式也該有所改變。例如，你如果在Instagram這類平臺上自誇，就該使用以相片為主的明確訊息，加入主題標籤和相關連結，並讓人們看到你的簡介。請務必考慮到自誇的內容和脈絡。

請使用屬於你的方式來自誇。不要試著成為別人，這麼做只會把自己搞得很累。別太在乎自己的一舉一動，而是讓人們覺得你真誠、真實又坦率就好。使用你覺得自在的詞彙，留白也沒關係。

你可以試試以下這些範例：

• 我很高興能分享跟我的演講有關的這幅相片。我的簡介裡有提供相關影片的連

結。謝謝@主持人和@座談會的其他成員。（Instagram）

- 我想分享我寫的一篇文章。請幫我推廣出去：「我熱愛@某某某的文章。以下是完整連結。」（推特）

艾瑪・格雷的自誇分析：堅守你的陣地

對作家兼主持人艾瑪・格雷（Emma Gray）來說，「堅守自己的訊息」並不容易。然而，著有《寫給女孩的手冊：加入反抗軍》的這位作者，還是成功地堅守陣地，向前邁進。以下描述她如何做到。

堅守陣地並不需要搞大動作

「你如果想成為播客主持人，就去錄一集播客，在你的筆記型電腦上錄一個試播集。你如果想寫文章，就寫一篇給自己看。去寫就對了。敞開心胸，接受遭到拒絕的失望，也接受獲得肯定的興奮，因為這兩者是任何職業的一部分。

「女人被社會教導成『養育者』。自誇或只是肯定自己的成就，意味著占據更多空間。讓世界知道你做了某件有價值的事，值得被賦予物理和心理方面的存在感。」

討論你的工作

「太多女性被社會教導成『別占太多空間』，因此不太願意肯定自己的成就。我在寫自介的時候，常常差點忘了提到我寫過一本書。人們對我說『恭喜妳，妳寫了一本書』的時候，我竟然會說『噢，那已經是一年前的事了，那是一本很小的書，也不是暢銷書』。我發現我常常貶低自己的成就，但是跟我說話的人並不在乎那些數字，不在乎我表現得像個失敗者，或是旁邊的人表現得比我更好。」

你的朋友最適合幫你炒作

「我的摯友是我最佳的推銷員。別人推銷你，比你推銷自己更容易。有個好辦法是自問：『我在這世上最好的朋友會怎樣說我？他們會說我哪裡最討人喜歡？』你就該用這種方式談論自己，也就是你的摯友會給你的關愛和情感。」

進步需要時間

「這些扭曲的性別規範，使得女性覺得自己地位較低，覺得沒有空間能讓她們有效地自我推銷。女人、有色人種，還有同性戀族群，每天都為了自我賦能而辛苦地應對這個社會，但我看到一些重大變化時，還是會感到樂觀。我看到更多女性在國會或主播臺上掌權。我認為社會系統遲早會改變，但我們還有很長的路要走。」

▼吸睛

搞定了內容、語氣和呈現方式，接下來就是要引人注目。「吸睛」能為你的自誇帶來畫龍點睛的效果，重點是讓你表達個性，吸引受眾的目光。我喜歡在自誇時做些表演。你也該用你覺得忠於自我的方式，為自己進行一場表演。

你也可以在過程中獲得一些樂趣，自誇毋須嚴肅。努力工作，但在過程中灑點五彩碎紙。做好準備，給自己一點擁有樂趣的空間。掌握基礎之後，調整你想分享的內容，看怎麼做會讓你覺得愉快又有趣，然後反覆去做。

你的幽默感很重要，所以別害怕開點小玩笑。羅致恆富人事顧問公司曾進行一項研究，發現「大約七九％的財務長認為，員工的幽默感能展現自己能否融入公司的文化」。幽默感對領導者來說也很重要。貝爾領導力機構曾調查兩千七百名員工，發現他們最看重領導者的「幽默感」和「職業道德」。

你如果夠好笑而且臉皮夠厚，就更可能得到想要的工作。CareerBuilder網站曾針對兩千多名徵才的主管做問卷調查，發現如果有兩個能力差不多的人應徵同一份工作，主管最可能依據幽默感來決定採用誰。你如果表現出個人特色，懂得自嘲（但避免言語自損），就能讓人們看到你的個性。你的個性，連同你如何表達個性，是自誇的重要部分。有人曾說我是「女性企業家當中的吉米・金摩」——讓我告訴你，我到現在還是採用這種風格。

你越是樂在其中，其他人就越想共襄盛舉，感受這分樂趣。我最初開始演講的時候，太在乎把每個項目說得「完美」，結果忘了享受樂趣。我花了一番努力才學會如何在講臺上獲得樂趣，也常常學習欣賞的單口喜劇演員。我加入了一些肢體幽默，以及會讓自己笑出來的哏。

幽默能幫助你抓住一群受眾，但別忘了，這麼做是為了讓你覺得愉快、樂在其中。如果你本來就是詼諧搞笑咖，你也想跟全世界分享這點，那就該如此行動，尤其如果你是在喜劇界或演藝圈工作；但如果這就是你個性的一部分，你想用在工作場合，就該這麼做。表現出你的個性，只會讓人們更覺得你平易近人。

我很喜歡網路迷因（meme），也自詡為喜劇迷。有很長一段時間，我一直以為我沒辦法把這點融入專業。我必須當個嚴肅的生意人，我不能搞笑！然後我意識到，這樣反而是浪費了我的個性。很長一段日子，我的FinePoint網站，還有我的個人網站，內容都很無聊，我卻以為這會讓人們覺得我值得被雇用。

但是人們雇用的不是網站，而是你。我後來終於接受一件事：人們因為我是我而雇用我，而不是我以為的「生意人該有的模樣」。我意識到，讓自己和內容顯得沉悶，反而會讓人們不願雇用我。我現在做任何事都會加入幽默和色彩。

吸睛的方式很個人化，也因人而異。吸睛的意思是，用你覺得真實又有趣的方式來表現成果。這需要練習和學習，有時候意味著嘗試你想使用的特定字句，或用新的方式表現某種技能。例如，我有個朋友分享她演說的幾個精采片段，但她是用酷炫的拼貼手法來呈現，這讓她得以運用她的藝術天分。她成功展現了兩項才藝，運用了一個令人難忘的自誇之詞，而且這個方式對她來說忠於自我。你這麼做的時候，可以使用其他天賦，像是加入ＧＩＦ或短片，讓句子押韻（有時候很老套但也可愛），或試著使用雙關語。

順序很重要

「大聲點」的重點不只是音量，也得注意你用什麼順序來選擇用字。你使用的描述詞固然重要，但最重要的是你要「先說什麼」。我們都記得我們最先聽見什麼。我住在洛杉磯時，發現遇到的每個人在自我介紹時，都會先說明他們的志向，而這讓我感到興奮。我遇過的Uber司機當中，有很多是演員、音樂製作人或音樂家。

基於這個原因（和其他原因），我總是對學員強調：他們用什麼順序說出描述詞，將決定並協助他們達成目標。例如，我有個客戶名叫莎拉，她在某個公家機關擔任調查員（聽起來很像間諜片，但她不是間諜）。

沒錯，莎拉很享受她的工作，但她比較喜歡「調解」而非「調查」，她想幫助雙方當事人達成和解。我告訴她，她必須開始把自己定義為「調解員」，否則就無法達成她的目標。把自己說成調解員，這麼做並不是說謊。莎拉確實多次進行調解，但她必須推銷自己在這方面的能力，因為這就是她的志願。如果一開始就宣布自己是調查員，人們就會給她更多調查工作，讓她成為人人口中的調查員。

對莎拉來說，「調解員」這個頭銜讓她感到不自在，因為她擔心她沒有這方面的資格。但是「有沒有資格」這個問題是在她的腦海裡。我提醒她，很多人都覺得自己必須念到博士學位，才值得擁有某個頭銜。還記得我剛剛提到跑去開Uber的音樂製作人嗎？他們懷有夢想，不願一輩子只是載客人去洛杉磯機場。

莎拉開始用「調解員」這三個字來描述自己的工作，她的老闆也因此注意到了。她修改了在社群媒體上的簡介資料，把「調解員」的身分放在開頭而非結尾。她的老闆注意到她把重點放在調解員這個頭銜上，也因此更把她當成調解員。律師們跟她談話時注意到她的興趣，開始指名選她。更多機會透過管理層來到她面前，她能獲得更多訓練，調解更多案件，這讓她得到了渴望的經驗。後來，隨著團隊增長，她開始為機構訓練其他調解員。正因為她把自己定調為「調解員」，同事也開始這樣定義她。

我經常看到我的客戶犯這種錯：他們想因為自己的某個專業能力而獲得肯定，卻在自傳上把這個描述詞放在最後面。他們感到洩氣，因為在最想發展的層面上沒贏得注意。我有個客戶想獲得更多演講工作，卻因市場反應冷淡而感到沮喪。她在每一篇簡介上依序介紹自己是作家、慈善家和演說家。「演說家」是她給自己的最後一個定義，她強調的身分顯然不在這三個字上面。也難怪人們把她視為作家，而非演說家。

這種事極其常見。我們描述自己的方式，是按照我們「知道」自己是誰，而不是我們「想」成為誰。我的客戶想成為演說家，卻把自己視為作家。我訓練她在自我介紹時優先使用「演說家」一詞，無論是她的簡介、履歷、個人網站，還是電子郵件簽名欄。她開始用「目標導向」的名詞描述自己之後，越來越多人邀請她演講。

你的自我描述必須是目標導向，而不是從「你最擅長做什麼」排列到「你想做什麼」。人們如何看待你，由你來決定。

分享和脆弱

無論有關身心健康還是每日的艱難挑戰，脆弱也是個很重要的環節。沒人想把注意力放在乾乾淨淨的機器人身上，因為它不是人類，無法引發共鳴。你越能卸下心防，效果就越好。

我承認，這麼做很不容易，但是脆弱和誠實才能讓你面對真實的自己，也能協助其他人看見真正的你。我在二〇一五年遇過一次低潮，讓我清楚明白這點；我把許多希望和夢想押在一個很重要的案子上（當時有許多錯誤期待），結果失敗了。我大受打擊，感到困惑、焦慮又難過（還有極度憂鬱，而我本來就有憂鬱和焦慮的問題，並為此求助）。

我決定上網尋找一群堅強又體貼的女士，寫信尋求幫助、安慰和引導。我雖然沒在信上強烈地表達情緒，但也算是把情緒傳達得很遠。我當時很害怕按下「傳送」鍵。

結果我收到一百多封回信。我不認識的那些女士打電話給我，詢問我的狀況，陪我談心。我從沒見過的那些女士寄卡片和禮物給我，說她們也在「經歷類似的困境」，而我突然不再感到那麼孤單。我覺得受到支持，更別提震驚。我真希望我不是遇到低潮後才懂得求助，但那件事確實讓我學會「誠實」和「脆弱」的力量。幾年後，那個社群裡還有一些女士跟我提到這件事。我向她們求助，讓她們印象深刻，但並沒有讓我像個弱者。相反的，她們明白我為何那麼做。我永遠不會忘記那種力量，就算我當時感到非常無助。她們做出的回應，強烈地表達了善意和同理心。

你在表現出真實自我的時候，不是周圍的每個人都會感到自在。幾年後，那個社群的一名女子和我聚餐，對我說我當時不該寄出那封信，她說這麼做讓我在潛在客戶面前顯得「軟弱」。這表示她在「跟別人分享真實自我」這方面多麼不自在，而且這不符合其他女士給我的回應。我很生她的氣，不僅因為她覺得對我說這種話無所謂，也因為她把自己的脆弱心態投射在我身上。吸睛很重要，但不是每次都只能表現出你贏得的勝利。有時候，讓你感到「軟弱」的東西，其實是最強大的。

把「定期自誇」變成習慣

超強自誇術其實就是做好準備，逼你考慮如何應付一些情境、分享想法、成就或說出不受歡迎的看法。我建議你把自誇當成習慣，就跟刷牙一樣。以下是幾個建議：

- 把自誇這件事寫在行事曆上，每星期或每個月都進行一次。
- 追蹤你的成就，以及在一年當中取得的所有成果，準備好跟你的老闆或主管分享這些事實。
- 每個月至少一次，在傳給主管或上司的電子郵件上自誇一番。
- 每星期都分享你的小小成就，讓周圍的人們能注意到你一直在進步。
- 判斷能在生活中哪些地方找到自誇的題材。事情一發生，就立刻記錄下來。
- 考慮辦公室裡的獎勵、晉升或任何類型的成長機會。
- 把你在辦公室外頭的志工工作、運動團隊或社群工作的成果拿來自誇。

考慮在哪些時刻自誇，會讓你覺得格外自然。有時候你可能覺得不自然，但還是得逼自己說出來。每星期的會議上，同事會不會在哪些時間點要求你分享你的勝利？如果有，請為此準備好絕妙回應；如果沒有，就必須催促自己成為榜樣。你甚至可以把這當成練習，好讓周圍每個人也有能力分享各自的勝利。

你是不是總是忘了把握一些最重要的時刻來自誇？請務必隨時準備好自誇之詞，以防人們突然請你分享成果。如果你能代替團隊自誇，也別放過這種機會。

就位，準備，起跑！

◆使用感激、自豪、呈現、吸睛這四個要素，來準備幾個自誇臺詞。

第五章 自誇三大支柱③：運用策略

有效自誇：先說出努力的目標

我曾協助一群高級主管找出個人品牌和發言能力。後來，他們邀請我為該組織的年輕成員提供建議，有一些才剛從大學畢業。當中的一位新進員工是最年輕的新人，她非常不懂得如何為自己出聲。她真的很希望能夠在會議上開口說話、獲得傾聽。

這項任務的難度不低，因為她的老闆是公司裡最具魅力、最有影響力、最成功，而且勇於發言的女性。這位資深女主管搞不懂這個新員工為什麼就是不敢多說幾句。她試著鼓勵對方多多開口，但彼此的作風就是不一樣。

我完全明白那名年輕女子為何有所顧慮。她喜歡聽別人說話，她也是標準的合格沉默者：她想先聽完所有的情報，再做出慎重的回應。

我和那位新進員工見了幾次面，制訂策略，鼓勵她先在會議上開口，之後對客戶和同事開口。我們先從較為簡單的項目做起。我對她提出挑戰，要她每星期在一場會議上提出一個疑問。我跟她討論了所有相關細節，像是她要坐哪個位置，並寫下她究竟要說什麼。我要她跟公司裡的某位前輩談談，請對方附和她的發言，讓她覺得她可以對全場的人們發言。她每星期開會時，會準備一張紙，上頭寫著至少一個疑問。許多人對「拿著筆記進會議室」這種形象有所質疑。我告訴他們，這麼做只會讓你看起來準備得更充分，反正沒人知道紙上寫了什麼。只要做好準備，就能減輕在自誇時感到的種種恐懼。

她每星期提出一個問題，隨著時日經過，在這方面也越來越自在。後來，她不再需要那張紙，也不需要謹慎判斷該坐哪個位置。她習慣了做出貢獻，因此不再需要事先安排詳細計畫。我為她安排的訓練結束時，她已經習慣在會議上做出貢獻，也習慣和同事談話。

自誇策略指的是，你清楚知道自己想要什麼，清楚知道受眾是誰，而且為了達成目標而做好準備工作。

你夢想的「獲得肯定」是什麼？你希望透過有效自誇得到什麼？

也許是個頗具聲望的實習機會、很棒的一份工作，或是在交流活動上覺得更自在（交流活動雖然無聊，但非常重要）。也許你想贏得董事會的席位，獲得大幅加薪（賺錢萬歲！），或是讓你的公司上市。

我會要求所有的客戶、朋友和同事這麼做，因為我希望他們成功。我要他們大聲說出夢想，無論聽起來多麼天馬行空。對我來說，我最究極的自誇，是能登上《時尚》雜誌，穿著晚禮服，含情脈脈地看著一張褪色的沙發，而我的狗以欽佩的目光看著我（我顯然根本沒想好這個畫面）。究極的自誇畫面常常是個經典畫面，就像《紐約時報》裡的專欄版。

究極的自誇畫面也不需非得是重大勝利。你可以從小地方開始，就跟那個新進員工一樣。她想達成的第一步，是能在會議上開口、做出貢獻。你的究極自誇也許是獲得重大的升職機會，或因為簽下最多客戶而拿到獎金。你想要的知名度，也許是獲得酬勞豐厚的演說機會。我的一個好朋友曾受邀演講，她當時因為心情不好而在要求的價碼後面多加一個零，對方竟然答應了！瞄準月亮飛去，你就可能落在一大堆鈔票當中。

別畫地自限，盡情去想像、做夢。這麼做不僅有趣，也能讓你有所發現。有時候，你的究極自誇未必在你的能力範圍內，就像你熱愛《滾石雜誌》，很想登上該雜誌的封面，但你根本不會彈吉他。儘管如此，也別輕言放棄。你無法想像「說出自己想要什麼」所帶來的效果。只要說出來，你就會有努力的目標。

你想要什麼？

這個疑問可能很嚇人，而且只有你能予以分析，並找出真正的答案。這個疑問之所以嚇人，是因為它龐大得幾乎無法答覆，而且答案會隨著我們的人生經歷而改變。這麼重要的問題很難回答，所以一般人會選擇逃避。

每個人的答案都不一樣，而且答案會隨著你的人生經歷和職涯變化而改變。請仔細想想，你希望透過超強自誇術獲得什麼。拿出紙筆，明確地寫下想達成什麼目標，例如這個星期、這個月、這一年。把大問題拆成小問題，你就不會覺得那麼害怕。

接下來，想想這些目標和欲望對你來說有什麼意義，例如：

- 你的演說酬勞多了一個零，這讓你能獲得更重大的演講機會。
- 你如果榮獲晉升，同事就會更想向你看齊。
- 你寫的東西如果獲得出版，就會覺得人們聽見了你的想法。
- 你想在會議上有更多發言的時間，做出更多貢獻。
- 你想獲得加薪，以便跟親友去度假。

「弄懂自己想要什麼」雖然嚇人，卻也能為你奠定基礎。以我自己為例，剛剛說過，我想登上《時尚》雜誌的封面。（我希望，如果我在這本書裡明確地說出願望，它就會成真。快打電話給我啊，《時尚》雜誌。）

你為什麼想要它？

接下來的問題是，你為什麼想要它？因為它會讓你覺得自己像個珍貴的員工？為了影響力？因為你知道你值得擁有，但不敢開口要求？還是因為你**就是想要**？這也是個很完美的答案。只要明白「為什麼」，你的「想要」就能開始行動。花一分鐘想想這些概念，然後找出你的「為什麼」。你的「為什麼」不需要是很複雜的答案，只要能引導你的欲望就行。我想登上《時尚》雜誌，是因為我熱愛時尚。我覺得如果能登上該雜誌，就能奠定我「時尚達人」的地位（至少在我的腦袋裡）。

你覺得你會怎樣得到它？

有很多方式能達成你的目標，但我建議你弄懂為什麼大聲、自豪及運用策略能幫助你。觀察一下你這星期和這個月的自誇目標，想想達成的所需步驟（年度目標比較難回答）。想達成某個目標，有很多條路可以走，所以你也該考慮想走哪條路。

回到《時尚》雜誌上。我會研究雜誌裡提到什麼樣的作家或企業家，我是否認識在該雜誌工作的人？我有沒有辦法找到適合讓我自我推銷的對象？我有沒有辦法構思一篇推銷臺詞，足以吸引《時尚》雜誌的編輯？

你希望你哪裡出名？

「你希望你哪裡出名？」是個令人不知所措的大哉問。這個疑問對我來說深具挑戰，就算我自己就是做這一行的。我們每個人都擁有不同的面向，想找出特定答案會讓我們覺得非常困難。不要緊。我們該做的，是試著查明自己究竟想要什麼，以便制訂適當的策略，就算這讓我們覺得困難。

你在職涯和人生裡，將持續面對這個疑問的各種型態。別覺得必須立刻拿出最完美的答案，你也不應該這麼做。我們該討論的，是接下來的兩年到四年的時間。下個月、下星期、你明天要做什麼？我總是對人們說，他們可以戴各式各樣的帽子，但出門只能戴一頂，而且很快就會被稱作「戴一頂難看紳士帽的那個人」（你也可以選擇其他類型的帽子）。你如果想給人留下深刻印象，就必須知道你希望對方看見什麼。答案因人而異，但如果能回答這個問題，就算一開始很模糊，也能讓你邁向成功。

這個疑問也會隨著時間而改變。隨著你的成長，欲望也會隨之變化。你會追尋職涯的其他層面，甚至轉換跑道，答案也會跟著改變。

你如果很難回答這個問題，別擔心，很多人也跟你一樣。你可以問問生活圈的幾個人，他們認為你現在因為哪些原因而出名。你也可以問他們，他們認為你應該因為哪些原因而出名。他們的答覆如果跟你認知的答案很不一樣，就能幫助你重新檢視自己。

你可以針對你圈子裡的某群人做個問卷調查。請挑選能從不同角度看待你的人。選個親戚、摯友、同事、前同事，甚至是在社群媒體上認識的人。寫封信給他們，提出以下疑問，請他們幫忙，並說明來龍去脈：

- 你認為我是做什麼的？
- 你會如何描述我的工作？
- 你會如何跟別人描述我的職涯和工作？

這些答案能幫助你判斷，你傳達出來的訊息，是否符合自我認知和欲望。這也能吸引別人進入你的旅程。他們是資源，這麼做也能幫助他們思考他們自己的訊息。你的親戚雖然愛你，但可能並不清楚你究竟是做什麼的；你的摯友也許只把你當成朋友，而非專業人士；你在社群媒體上認識的人，能讓你看見如何跟全世界談話。我們的人際關係就像一面大鏡子，讓你確保你的倒影符合你想要的自我形象。

此外，每個人對「出名」的定義都不一樣。出名並不表示登上雜誌封面，穿著晚禮服坐在褪色的沙發上。你也許是在社群、社交圈或公司裡出名。

想做到「出名」，並不表示一定要找到你的「跑道」；這可能需要幾年，甚至幾十年的時間。你該做的，是試著找到一條寬敞的大路，開始行走其中。

這個疑問的用意之一，是鼓勵我的客戶別想著當個「願景家」「顛覆者」或「思維領導者」，沒人能在一開始就成為這種定義很模糊的人，而且每個人對這種頭銜的認知都不一樣。每次有人跑來找我，說他們最想當「影響者」，我就會白眼翻到後腦勺，然後協助對方想個務實又簡要的自我推銷詞。

這麼做能為你的行業帶來廣泛的作用。例如，你看到的通才評論員，其實一開始絕對不通才。我有個朋友，因熟悉某個跟女性有關的特定題材而聞名。她上了電視，表現得很好，對更多女性相關話題發表評論，後來也對政治議題表達看法，現在幾乎對任何話題都能侃侃而談。你必須先有辦法在某個話題上灌籃，才能打其他位置（我可能用錯了這個籃球比方，不過你懂我的意思）。

我們來談談之前提過的妮娜。妮娜初次上電視就一鳴驚人，該節目是探討一個極為特定的政治話題。之後，她在同一個話題上再次接受訪問。後來，因為在電視上表現得很好，反應很快，而且做足功課，所以電視臺再次找她討論一個相關的政治話題。現在，她對各式各樣的政治話題發表看法，關於政治體系、政黨和選舉的廣泛題材。她從小處開始，路越走越寬。

你的「跑道」或關鍵話題，應該是你真正在乎的東西。上電視、出書看起來像是頂尖成就，卻能讓你明白，「熱忱」能讓你在或大或小的舞臺上獲勝。其實，你必須先在小型舞臺上獲勝，之後才能進入大型競技場。如果你熱愛你的工作，在乎你做的事，而且開始跟人分享，就會引發共鳴。

有些人願意做任何事，只求盡快出名；這麼做也許短期有效，但無法永久持續。去問問曾被稱作「一夕成名」的那些人，你會發現所謂的「一夕成名」根本不存在。就算存在，如果你想維持這個地位，也需要技能來打下長期的基礎。我想知道你的心裡有什麼料，而且我希望你跟人們分享**它**。

考慮你的受眾

每個人面對的受眾都不一樣，關鍵在於，你必須對你「想說服」的受眾自誇。你可能需要反覆試驗才能判斷你的受眾在哪，但第一步是從目標開始發想。

我有個客戶名叫莉亞（化名），想賣掉她的公司。莉亞的公司屬於「教育工學」，這個行業正在快速成長，競爭非常激烈。她想把這家獲得成功的公司賣給規模更大的企業，好讓它能透過充足資源而成長茁壯。然而，她自誇的方式並沒有幫助她達成目標。她試著對該行業的其他企業家宣傳成果，但這裡不是她的潛在買家所在。換言之，她把目光放在錯誤的受眾身上。想做到有效自誇，你必須明白你的受眾在哪，他們讀些什麼、想看見什麼，才能達成你的目的。在這個案例上，她並沒有做到。

沒錯，莉亞討論她精心製作的程式設計有多棒，但她真正的目的是找個大公司買下她的公司。我們必須跟完全不同的受眾群談話，意思就是，我們需要了解大公司在乎什麼。我們開始使用這些公司在乎的方式來推銷莉亞的公司，也就是成長、管理和利潤方面的成功。推銷的重點是這些公司能懂的（＄＄＄），涵蓋的範圍也是他們重視的（關於併購、交易和投資者）。依據她選定的五個理想買家，我們制訂了策略。他們都讀些什麼？他們的情報來源是什麼？他們以前買下哪些公司？

因為我們明確地判定了莉亞應該接觸哪種受眾，而且如何接觸，因此有效地選定了受眾群。我們制訂了推銷臺詞，用吸引該受眾群的方式推銷她的公司和領導力。我們不僅需要前往他們所在之處，也需要使用他們的語言。莉亞雖然不是金融專家，但在推銷公司時，還是必須懂得討論相關數字。描述她的公司成長得多快、賺進多少錢，還有預期利潤……這些都是關鍵，都是一家公司在併購另一家公司時會考慮的事情。沒錯，內容和熱忱很重要，但如果是投資案，那麼最重要的還是金錢。

我們的努力，幫助了莉亞把她的目標變集中。她不再用以前的方式自誇，也就是不再對已經知道她有多厲害的人自誇，或是離她最近的受眾自誇。她改變了語氣和自誇的內容，也因此擁有了適用於併購案會議的材料。我們用有效的方式介紹了公司的利潤，還有其他關於獲利能力和價值的指標。如果她只是專注於獲得廣泛的注意力，這對達成目標不會有任何幫助。任何人都能獲得注意力，但重點是讓人們注意你的專業目標。

除了「你的受眾是誰」之外，同樣重要的是他們在哪裡，無論線上還是現實環境，這可能包括影片、電視、雜誌、網路平臺、播客或其他媒體。如果你的受眾比較喜歡聆聽播客，那你上TED演講也不會讓他們看到你。

我們生活在許多不同的空間裡，每個人都從不同角度取得內容或吸收知識。我們不僅處於不同空間（我承認我常常逛Instagram），每天也多次使用不同方式吸收資訊。我喜歡讓自己在早上和晚上有一定的時間逛Instagram。時機也很重要。我會依據「最適合」我的受眾的時間，寄公司的電子報給他們。計算時機並不難（應該說是有一套計算系統為我代勞）。

建構一套扎實的自誇之詞不僅重要，運用的時機也很重要。潔西來找我解決一個難題：她想讓公司了解她目前的職位需要更多助手。她覺得進退兩難，公司需要雇個人來減輕她的負擔。然而，她面對著很多女性和能者都面對的經典難題：如何求助而不會被貼上「弱者」的標籤。潔西很怕讓公司以為她沒辦法應付工作。

我和她一起制訂了一套自誇臺詞，既能展現她的能力，也能表達迫切的需要。我要潔西開始定期向老闆炫耀她做的所有工作。她在自誇結束時，會提到如果有更多時間就能取得更多成果。她的老闆早就知道她是公司的珍貴資源，但還沒了解她的時間能如何更有效地運用。我們安排的時機是，讓她在「老闆要開預算會議」之前自誇她的成果，這表示會議上會最先提到明年雇用新人的預算問題。她提到這個話題所使用的方式和時機，給每個人都帶來好處。潔西的老闆安排了一名招聘者，協助她找到迫切需要的新同事。

良好的時機，可能意味著依據你的訊息而尋找別的媒體（例如影片），或是適合你的行業的方式（例如面對面接觸）。較為傳統的行業，則比較適合屬於該行業的訊息和媒體類型。你如果在法律界工作，那麼為一個評論或平臺寫文章，會比在YouTube發表影片更適合。你該考慮訊息的內容，但也該考慮採用什麼媒體。你甚至可能擁有一個以上受眾群，所以該把他們全都納入考慮。

你向誰自誇？為誰自誇？

超強自誇術並不是對天空吶喊，而是瞄準目標，扣下板機。你的受眾是誰？有時候更重要的是，你的受眾在哪？不同受眾群之間有極大差異。我們很難理解的是，每次發表短文、說話或寫文章的時候，你的受眾都會產生或大或小的差別。在內容或外在方面，每個受眾群都不一樣。意思就是，你每次自誇的時候，都有機會贏得更多粉絲，也有機會練習自誇，以便更適合某個特定的受眾群。

雖然有些合格沉默者的目標，是建立「面向公眾」的自誇臺詞，但你也應該知道你在工作場合的受眾是誰，這會影響到你的工作、同事和上司。

你在老闆和同事面前的每日自誇，是關於小小的勝利，還有這些小成果對你的團隊和你自己有什麼意義。重點不是把你應該邀的功勞分散出去，而是跟你每天合作的對象建立一個長期又一致的自誇策略。有時候，讓你的隊伍獲得稱讚也一樣重要。能否走在這條線上，有時候其實是看你是否搞砸。

我曾替別人工作，只撐了五個月，而且在那段期間，我的自誇實在不怎麼樣。我不是很喜歡那份工作，也清楚地表現出這點。現在回想起來還滿丟臉的。我也沒考慮到我的受眾；我有時候會越級上報，就因為我認識幾個最高階的主管；我甚至把腳蹺在辦公桌上。老天，請別學我！基本上，我當時表現得就像個小屁孩。

考慮你的工作場合的階級制度，並充分利用。一開始，每星期進行幾次自誇，先拿同事或跟你關係很好的一些人做測試，然後用在比你資深的人身上。這些自誇多小都行，例如你為某個計畫案做出了貢獻，客戶很喜歡，或是你跟某個同事進行了艱難但必要的談話。先認清你做了什麼、哪些事需要被分享，以便讓你能成為更好的團隊成員，然後從那裡繼續邁進。

向你的老闆自誇

在老闆面前自誇有點棘手。你有必要讓老闆對你刮目相看，但一般人對此都會感到傷腦筋。那麼，該如何向老闆展現你的成果，不讓人覺得尷尬，而且你和老闆都能獲益？

每個人衡量「成功」的方式都不一樣，想聽見的自誇之詞也不同。重要的是，你必須說出老闆能接受的自誇語言。例如，如果老闆在乎的是數字，那你也許不該天天對他說你讓某個客戶覺得非常愉快，因為這對你來說雖然是成功，但對他來說未必是。你也可以在公開場合進行這場談話。你可以問某人想用什麼方式看你獲得的勝利，例如當面，或是透過電子郵件，總之是適合對方的方式。你應該使用他們衡量成功的語言。有時候，你可以在簡短的會議或每個月的綜合報告上，提到你的成果。

你的主管也應該知道你是否達成或超越了目標。你也應該習慣向主管通報你獲得的成果，因為他們可能沒看見或注意到。你應該假設他們在忙自己的事，而你必須讓他們清楚知道你獲得了什麼成果。你在架構自誇之詞的時候，也該考慮到老闆或上司想看到什麼。這不僅是你會想拿來自誇的題材，也是老闆願意聆聽的題材。如果你的主管很想看到寫給客戶的電子郵件寫得有多好，就該強調你有做到這點；如果你的老闆很在乎數字，就該拿出數字。你的自誇之詞必須被聽見，被注意到。

自誇的場合跟時間、金錢和權力有關。你也許覺得有些自誇適合此刻，有些適合未來，但它們其實都很相似：先弄清楚你想要什麼，揭露少許脆弱面，並把握成功所需的機會。

向同事自誇VS.向公眾自誇

在同事面前自誇不同於在公眾面前自誇。最大的差別在於，你的同事已經認識你，他們知道你的專長，甚至可能知道你帶什麼便當上班（而且用微波爐加熱後留下什麼味道）；如果他們在你身旁工作，就會知道你一整天都在忙些什麼。向同事自誇的關鍵在於，讓他們清楚看到你的工作有什麼價值。沒錯，他們也許知道你負責帶領一個平面設計團隊，但一定有些事是他們不知道的。他們可能不知道「管理團隊」究竟需要做些什麼。你都發電子郵件給誰？你批准了誰的設計？只要向同事說明這類細節，他們就更能了解並肯定你的成果。

同事也許不清楚你究竟有多少本領。每一項工作都有特定的內容和活動範圍，但有時候，你的貢獻其實超出了人們的期待。如果你在責任以外的範圍做出了貢獻，就該讓同事知道。然而，你必須說明這些貢獻不僅和工作有關，也能幫助其他成員，提高你的工作量，而且你該讓其他人知道你多麼有能力。

總之，向同事自誇的時候，必須先確認目標。你希望他們在會議上更願意聽你發言，注意到你為計畫案做出的貢獻，還是讓你多擔任領導職？列出你希望向同事自誇能帶來的成果，然後制訂自誇臺詞，強調你把工作做得有多好。

假設你的目標是希望他們在會議上聆聽你的意見，你可以說說這類臺詞：「我真的很喜歡在會議上做出貢獻……你們願不願意更常聆聽我發言？」如果你希望更常在某位客戶面前做報告，你可以說：「我在那位新客戶面前做報告的時候，覺得自己充滿力量。在這方面你們願不願意給我更多機會？」

在辦公室的例行自誇

你的同事、上司和老闆應該天天都會見到你。我有很多來自大型組織的客戶都不懂得自誇，因為他們不懂得判斷適當的時間和地點。

以下是適合在辦公室自誇的時機：

- 與上司進行討論會議。
- 爭取升職機會。

- 爭取獎勵。
- 做報告時說出其他人的貢獻。
- 一週的辛苦工作終於結束，你在這時候感到格外自豪。
- 有人不太清楚你的工作內容。
- 團隊成員鼓勵你自誇（在你發現有人希望你這麼做之後）。

想在辦公室做到有效自誇，就必須觀察周圍的人們。這雖然有難度，但只要你掌握到訣竅，就能設定目標，例如每星期做出一次關鍵性的自誇。

其他的每日自誇和禮儀

以下幾個情境也適合自誇：

- **電梯裡：**把自誇說得簡短又到位。用兩句話說明你在忙什麼，聆聽者為什麼會感興趣，而且你表現得有多好。
- **大型會議：**輪到你說話的時候，花一分鐘描述你最近在做什麼，在場的人們為何會感興趣。
- **電子郵件：**用三句話描述你達成的某個成果令你多麼興奮，稱讚團隊的某個成員，並提出可行動的建議。

- **一對一**：這取決於你有多少時間。別拖住聆聽者，並列出你覺得重要的三個重點。
- **轉寄郵件**：只要沒有隱私方面的規定，轉寄一封有人稱讚你的信，就能讓人們注意到你的成果。

在辦公室自誇會讓你覺得緊張，該怎麼辦？

在辦公室自誇也許會讓你覺得不自在，緊張得無法執行。你該做的，是記住你只是在陳述事實，描述你的成就，而且它們值得被分享。

你存在於一個生態系統，每個辦公室、工作場合的環境都不一樣。你的工作場合充滿「辦公室政治」，必須透過反覆試驗才能得知同事對你的自誇如何反應。

我有許多朋友和客戶問我，如果同事對他們的自誇反應冷淡，這是不是他們該處理的問題。我總是提醒他們：別人的感受不是你的責任。我有個好朋友對我說過：「你需要做的，是把自家門口掃乾淨就好。」唯一能做的，就是去做你認為該做的，努力去做，並為此自豪。如果你和某個同事有些不愉快，也許他嫉妒你，或不曉得如何應對你的自我推銷，你可能會覺得這都是你的錯。請務必分清楚哪些是「你的」問題，哪些是「他們的」問題。

我有個客戶名叫珊曼（化名），在一家眾所皆知的大公司工作。該公司不喜歡人們「自誇」，至少珊曼這麼認為。她忙著觀察老闆的感受（而非直接問清楚），以致影響了工作表現。她沒辦法在會議上有效地自誇，結果對自己和老闆造成了不良後果，因為她在一場關鍵會議上沒開口說話，幾十年的工作經驗形同白費。如果她有開口，公司就會立刻成為潛在客戶的首選。但她沒開口，而是態度矜持，結果公司沒能贏得生意。她對我說出這個問題後，我首先問她：「這應該是**他**的問題吧？」我們判斷這確實是他的問題。她雖然沒辦法控制老闆的感受，但她還是必須盡責。

如果辦公室裡有人不太喜歡你自誇，就該想些辦法來分享聚光燈：

- 確保你的自誇跟部門的成就有關，務必讚揚你的同事做出的貢獻。
- 代替團隊成員自誇。
- 說出你因為團隊達成了目標而多麼興奮。

我雖然建議你使用以上任何一種辦法，來讓你的同事明白自誇的好處，但我希望你記得，你的責任並不是管理其他人的感受。請繼續自誇，分享你對工作感到的自豪，就算這可能激怒某些人。你可以用以下方式來分享自誇：

- 我今天向高層做了一場很有效的推銷。想不想聽聽？

- 我為在那場會議中分享的東西深感自豪。你有何感想？
- 你有沒有看到我跟團隊分享的PowerPoint簡報？我真的為此感到自豪。

＊＊＊

我有個客戶名叫克蕾兒，她是一家知名新創公司的新進員工。她很慶幸能得到這份工作，但覺得自己恐怕太年輕。對科技業和新創公司的男性成員來說，年輕是資產，但這點對女人來說就複雜許多（我真心希望這會改變）。該公司也雇用了一批擁有數十年經驗的資深人員，這讓克蕾兒感到更不安。首先我們調整她的心態，我告訴她，這些業界老將八成也跟她一樣緊張，因為這個行業特別看重年輕人，年長者會擔心被年輕人搶走飯碗。我叫她在同事面前表現出力量。她就學時曾帶領一個令人印象深刻的學生組織，她需要談起這件事，就算她覺得這種成就聽起來很「年輕」，但這並非事實，只是她的看法。我叫她說出這類成就，畢竟公司不是吃飽撐著才聘用她。我們常常隱藏我們覺得太「幼稚」的事情，但如果時機和說詞拿捏得好，這類往事其實是很吸引人的故事。每個人都擁有職場需要的獨特力量，而克蕾兒在說出自己的可觀成就時，也很快地開始覺得越來越自在。你在練習自誇的時候，可能會不小心做得過頭。只有你能找到適合自己的界線。如果同事或主管對你說，你的自誇冒犯了他們，那確實該把他們的說法納入考慮。我不是叫你為自誇道歉，而是聆聽他們的意見，判斷他們的擔憂是否合理，如果合理，就該修改自誇的方式。再說一次：你必須判斷不良反應是不是「他們的」問題。之後，你必須決定想不想改變這個行為，而且對方的心情會不會影響到你的工作和表現。

如果問題出在「你」身上，那就該向對方道歉，然後繼續前進。我記得以前和某位編輯有過這種互動。我當時試著挖苦她，結果造成侮辱的效果。我感覺得出來她很不高興，我雖然沒義務判斷她是不是不高興（我強烈地認為一個人如果生你的氣，就該清楚地告訴你，畢竟你不會讀心術），但我還是向她道歉了。如果你覺得自己越了界，請花點時間寫一篇真誠的道歉文。

有時候你能扭轉對方對你的看法。我有個客戶名叫詹姆斯，他很難向同事傳達自己的價值。讓他很不高興的是，有個同事付出的努力比他少，卻經常在上司面前炫耀成就，而這其實是很常見的情境。我們討論了他能如何展現自己的價值。詹姆斯喜愛的是數字而非文字，也寧可埋首於試算表。在我的建議下，詹姆斯不再嫉妒那個同事，而是向對方求助。他說：「我上星期建構了一個模型，我真的引以為榮。你願不願意在會議上把它分享出去？」

同事問他為什麼不自己推銷。我告訴詹姆斯，他只能擺出低姿態，對同事說明為何如此請求：他欣賞這位同事如何分享自身成就。他的同事感到受寵若驚，一口答應幫忙。詹姆斯也因此懂得在會議上更常開口，後來親自向上司展示自己的成果。幾個月後，他覺得更自在，便開始自行推銷，而且是使用他喜歡的統計數字作為工具。

看情況的自誇

我接下來要分享在其他場合自誇的案例，例如休息室、和上司一起參加交流活動，或是跟同事去酒吧。

請花點時間，預先制訂幾個自誇臺詞。列出你想為自誇做好準備的三、四個情況。接下來，考慮以下問題：

- 你想傳達什麼樣的訊息？
- 你有多少時間？
- 你談話的對象最看重哪種技能或資產？
- 你想特別強調哪種成就？

把這些答案納入考慮，為選定的每個情況寫下一篇自誇文。寫好之後，把文字調整得聽起來像你會說的話，然後花時間牢記於心。你不需要逐字說出來，但把內容記熟，你就能對這些自誇臺詞更自在。

反覆練習、調整、進化

你得花些時間才能把這些技巧融會貫通。其中一些可能會讓你覺得特別彆扭，不過學習新事物本來就是這樣（你該看看我學習新科技的時候有多笨拙）。你得花點心思來決定，如何使用你覺得獨特的方式來分享自身成就。你的辦法不需要是世上最獨特的辦法，只要能有效達成目標就好。不管採用什麼策略，都該反映你的個性。努力找到完美的中間地帶，選擇適合用來自誇的字句，並搭配適合自己的語言，就能傳達出你希望人們記得你的原因。

盡力蒐集人們的意見回饋。有時候，你在使用某些字句的時候，會注意到自己出現正面或是負面感受，而這也是意見回饋的一種。意見回饋也能來自其他人。如果人們對你的某一句自誇表現出微笑、點頭或瞪大眼睛，就該留意這類反應。只要懂得觀察，意見回饋就會出現在你面前。我很希望這方面能有更多捷徑，但想找到適合你的語氣，需要一輩子的時間。我知道我的自誇語氣有所演進，而且會持續進化。你的也會。

我越來越擅長推銷自己的工作和生意，是因為我這十年來天天改善我的表達方式，未曾停歇。如果在某一場大會上自我介紹的方式讓我覺得很順利，我就會記住當時使用了哪些臺詞。如果我添加了一句新的臺詞，或是改變了用字的方式，但覺得效果不好，我也會記住這個教訓。至今我還在改進。我在演講時也這麼做，尤其如果某個笑話產生良好效果，或是我打了新的比方，當場看到聽眾如何反應。

我可以向你描述我那些客戶在這方面的旅程，但每個人找出語氣的方式都不一樣。我描述自己和工作的方式經常改變，這十年來也經過重大變化，而且還會繼續改變，畢竟我才三十三歲。

大約十年前，我經營過一個很幽默的約會部落格（我的鐵粉也許聽說過），我當時的語氣更為誇張古怪。我在寫文章的時候持續成長，那個網站的語氣漸漸不再是我的語氣。最後，我放棄了舊的說話方式，開創了新的道路，建立了我想讓世界聽見的新語氣，但我有時候確實會想念她，還有她的勇敢。現在回想起我寫過的一些東西，我意識到當年二十三歲、心無所懼、有點笨的我，其實只是想說什麼就說什麼。這在那時候很有趣，但不適合現在，不適合我想達成的目標。

我的專業語氣，還有我描述自己生意的方式，也經過大量演化，才成為今天的模樣。十年前，我會說「我是數位策略師，也負責公關行銷」。而現在，我會說：「我是個企業家，熱中提升人們——尤其是女性——的能見度和發言權。我舉行關於自誇的演講和訓練，我的公司則訓練領導能力。」現在的說詞很不一樣，這是因為我練習了十年，搞砸過很多次，發現某些辦法行得通。這需要時間，所以請給自己時間。我老了以後搞不好會天天寫關於狗的文章，到時候的語氣會完全不一樣（真希望這個退休計畫能成真）。你的自誇會進化，你本人也會進化。我們每個人都是活到老學到老。

就位，準備，起跑！

◆ **既然決定要獲得能見度，就該自問以下問題**（為每個問題寫下兩、三句答案）**：**

- 你想要什麼？
- 你為什麼想要？
- 你覺得你要用什麼方式取得？

◆ **從生活圈裡選三個人**（家人、摯友、熟人、目前的同事、以前的同事，或是在社群媒體上認識的人）**，詢問他們以下問題：**

- 你覺得我是做什麼的？
- 你會如何描述我的工作？
- 你會如何向別人描述我的職涯和工作？

◆練習向老闆自誇。

◆練習向同事自誇。

第二部

宣傳自己

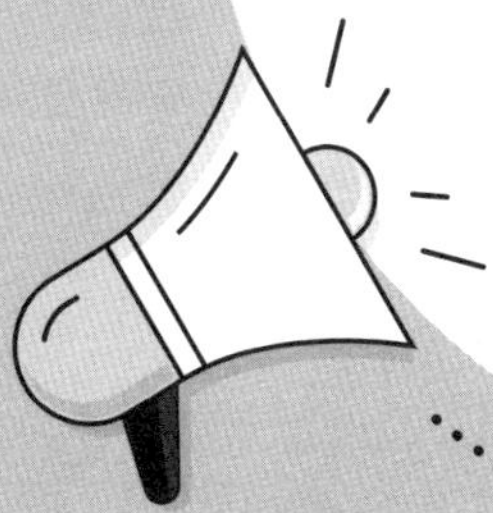

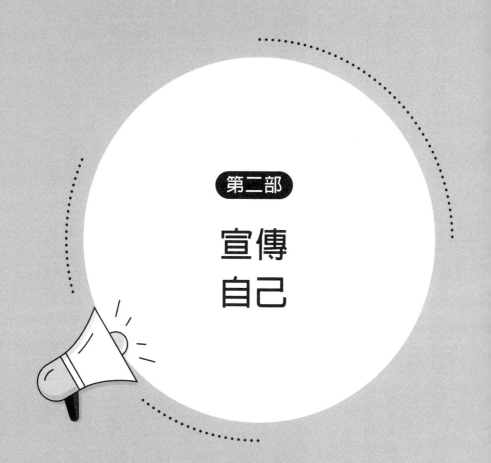

很久以前，我把FinePoint當成公關行銷公司經營，把自己視為一般的公關，我意識到公關行銷最適合讓人們在討論自身成就時覺得愉快。我發現公關的活動（也就是我每天在做的事，例如包裝、推銷、建構故事、爭取能見度……），如果是為自己而做，就能帶來很大的價值。我開始自問，為什麼沒有人使用這些技能來幫助人們，而本書的「超強自誇術」就此誕生。

只要參考公關的指南和技能，你就能把自己包裝得閃閃發亮，也因此減少自誇帶來的壓力和焦慮。這能讓你看得更遠，並考慮如何說出更龐大的故事。這會給你自信，而不會覺得缺乏隱私。這就像擁有某種「第二自我」（alter ego），一個你「投射出來的自我」，你完全能掌控，而且能用於你的自我宣傳。

很多人不知道公關是做什麼的，甚至取笑這種工作。一般人對公關行銷人員最常見的誤解，就是認為這些人是庸俗的笨女人。這種認知大錯特錯，而且非常令人洩氣。公關的工作是**判斷如何包裝一個故事**，而且**如何訴說**，好讓人們**注意**。他們建構一個很棒的故事，讓你**獲得注意力**。這種工作應該讓人佩服才對吧？

你必須為自己做的是，判斷如何包裝你的故事、你的成就、你的優點，然後怎樣引起人們的注意。做自己的公關行銷人員，意思就是**你必須使用多層面的方法，考慮到各種脈絡和受眾，並說出會吸引他們的真實故事**。你要做的，是**運用各種武器來宣傳自己**。

就算你不打算為自己公關行銷（雇用優秀的公關絕對值那個錢！），也請務必明白這份工作的複雜度。你如果學會公關的思維，在自誇時就能提升溝通能力。我會幫助你改善你的公關行銷心態，好讓你懂得如何巧妙地把自誇融入自我推銷的過程。

別害怕爭取人們的注意力

你首先該學習的公關技能，是別害怕尋求注意力和肯定。這就是公關行銷人員的優點：作風直接、有能力切入重點，並達成客戶想要的目標。這份工作必須經常拋頭露面，這也是自誇最讓人害怕的部分。只要克服「拋頭露面」的恐懼，提出請求，並推銷自己，你就打贏了一半的仗。你必須重複練習。有時候你會表現得很差勁，正如我以前那樣，但這都是過程的一部分。

知名度可能讓你覺得愉快，也可能讓你難受，甚至可能在一天內就有多次變化。你必須懂得如何駕馭這些感受，利用它們來獲得成功。公關行銷技能就是超強自誇術的實證。我每次成功地用審慎、精確且易懂的方式說出一個故事，就能獲得成功。

以下是一個失敗案例，因為我當時沒把故事說得正確又精確。我剛成立FinePoint的時候，是做數位策略的工作。在二〇一〇年，尤其在華盛頓特區，「數位策略師」對我的潛在客戶來說沒多大意義。出於我個人的偏見，我有很多年一直避免使用「公關」這個字眼。但問題是，我其實就是個公關。我把自己描述成「數位公關」之後，人們就開始雇用我。我當時其實沒弄懂自己究竟在做什麼，也沒使用適當的行話。我試著找到屬於自己的詞彙來描述這份工作，就算它其實就是公關行銷。但我其實不需要多此一舉。

在接下來的幾章裡，我們會探討自我宣傳的環節：開場白、推銷、公眾演說、人脈，懂得什麼時候別自誇。請把我當成你的自我宣傳夥伴。

第六章 履歷表、自傳、大頭貼照、個人網站

專屬於你的超強自誇空間

你的履歷表、自傳和大頭貼照，是能夠幫助你進行超強自誇的便利工具。你的履歷表是讓你能自豪、大聲並運用策略的關鍵空間，它的存在就是為了展示你獲得的所有傑出成果。人們期望在上頭看到關於你的一切，像是你得過的獎、獲得的肯定，以及完成的重大計畫。請把這些東西放在履歷表上，展現你的成果。如果你剛出社會、正在換跑道或試著爬上更高的職位，也別擔心。讓你的熱忱、動機和職業道德展現在紙頁上。請務必列出你得過的獎，把履歷表當成獎盃展示架。

履歷表將表達你的工作資歷，還有你在職場上是什麼樣的人。我不認為這點在近期內會改變。你在爭取任何工作機會時，還是有必要拿出履歷表，就算你認為自己一定會得到那份工作。履歷表也是最適合進行超強自誇的空間，因為每個人都期待你在履歷表上自誇。應徵工作的其他環節雖然也很重要，例如提供文章樣本和推薦信，但履歷表能

表達你是誰、來自哪裡，以及想去哪裡。想怎麼做，由你決定。

想想你可能在履歷表上遺漏了什麼。我曾協助一位朋友準備履歷，我注意到她沒列出最近贏得的重要獎項。這個獎在她的業界是極大的成就，為她的工作做出了重大肯定，她卻覺得如果列出來感覺像在炫耀，讓她感到很不自在。（我把她念了一頓！）我告訴她這個獎項有多麼重要，不只是對她和她的工作而言，對她的同輩也是。這個獎會讓人們立刻對她改觀，比其他東西更能提升她的地位。她明白了我的意思。

清楚列出你的工作經歷

「頭銜」在今天這個社會毫無意義。這年頭似乎每個人都是副董，我的狗就是我家的副董。就算你擁有頭銜，也需要清楚說明你究竟做過什麼、如何爬到現在的位置。如果我看到你的履歷表，我會想知道你做過什麼、管理過誰，而且你是因為什麼成就而獲得現在的頭銜。你必須寫得非常清楚、簡要且詳細。記住，你列出的東西都是事實。

（╳）•別說你「參與過某項計畫」，而該說：

（○）•「我曾帶領一支十人團隊，處理公司的數據管理部門的計畫案。我們奉命為客戶制訂一套新策略，結果提出了一套很詳盡的計畫，獲得客戶的喜愛和選用，並為客戶省下了兩萬美金。」

（×）・別說你「擔任過某個領導職」，而該說：

（○）・「我管理過一支二十人隊伍，而且直接向技術長負責。我提供有效又直接的管理方式，在這方面持續獲得意見回饋，我也協助技術長明白更多新進員工的需求。」

（×）・別說你「促進公司內部的多樣化」，而該說：

（○）・「我負責確保公司裡各式各樣的聲音都獲得聆聽。我舉辦了一場以女性有色人種為主的座談會，討論在廣告業工作的感受。這讓所有人獲得啟發，也讓大家深思熟慮同事在職場上的經驗，並以同一品牌的身分一同向前邁進。」

這項額外細節至關重要，因為許多人是自營業，頭銜是自己給的。對置身於傳統階級制職業系統的人來說，這可能令他們難以理解，所以必須說明你為何獲得某個頭銜。就算你覺得提供的細節太多了，還是應該這麼做。細節不嫌多，我保證。

你必須讓其他人的工作盡可能輕鬆點，也必須讓細節能夠有效並明確地為你自誇。幸好自誇就是陳述事實，我確信你擁有一大堆這類事實。

強化自傳

你的自傳也是適合用來自誇的經典空間，是個非常好用的資產，以下會解釋原因。自傳能協助你獲得工作、知名度，以及強烈的敬意。如果一位記者或招聘者沒辦法在三十秒內弄懂你是誰（因為你為六個場合準備了六套自傳），你就失去了機會。自傳是讓你介紹自己的關鍵方式，尤其在網路上。

三種自傳

每個人都需要一篇長篇自傳、一篇短篇自傳，以及一個用兩句話寫成的兩行自傳。這三種自傳的訊息必須一致，好讓人們立刻判斷你是誰，你表達的訊息就能充滿效果。

- **長篇自傳**：篇幅約一頁（列出所有成就）。你的長篇自傳能幫助你決定如何寫短篇自傳，而短篇自傳能幫你判斷在兩行自傳裡列出什麼內容。你可以在以下空間展示長篇自傳：你的LinkedIn介紹頁、個人網站的「關於我」專欄，或任何能提供所需空間之處。哪個空間能讓你自由自在地列出大量細節，就選哪個。
- **短篇自傳**：篇幅約一個段落（只列出你最頂尖的自誇之詞）。你的短篇自傳適合的是演講、會議或計畫案。

• **兩行自傳：**簡要描述你是誰、做什麼、有什麼理念。只用兩句話描述自己，這雖然很難，但只要準備好長篇和短篇自傳，就能找出兩行自傳絕對需要的兩、三個宣傳重點。兩行自傳是「說明你是誰」的關鍵總結，讓人們能迅速並一致地明白你在做什麼。你的兩行自傳應該出現在你所有的社群媒體上，連同你寫的每一篇文章後面。

切記：你的每篇自傳都必須前後一致，三者必須互相配合，明確地表達你是誰。

你該做什麼，不該做什麼

▼除非對目標有幫助，否則別列出嗜好或搞笑性質的推薦人

如果你的狗是你品牌的一部分（哈囉，我的豆豆！），那你可以在適當的時候提到牠。但你必須明白，這是較為傳統的自誇型態。請把「搞笑」的東西放在私人網站上。

我見過一些高級女主管，為了顯得更平易近人而列出園藝之類的活動。請別這麼做，這會讓人們把注意力從你的優秀成就上移開。除非你的公司跟園藝有關，否則別把這個寫進去。

想想一位白人男性主管在這個場合會怎麼做。我猜你已經知道答案。

▼列出必要的超連結

別認定人們一定會閱讀你的自傳，看到你的某個成就，打開瀏覽器，搜尋你這個成就，瀏覽搜尋結果，而且看清楚內容——這麼做太累了。你必須列出所有的成就，而且方便人們點閱。別使用軟弱的動詞或被動語態。我每次看到有人在自傳上使用被動語態，就會覺得他們試著輕描淡寫自己的成就。自傳的用意，就是強調你的成就。你做了很多事，所以該寫下來，真誠地表達你為此感到自豪。另一種輕描淡寫，是把自己說得好像在「試著」或「嘗試」做某件事、改變業界或處理某個構想。但是這種語氣聽起來就像你已經失敗了。你並不是正在嘗試去做，而是正在做。

▼用你的姓氏來稱呼自己，別用名字或自稱「我」*

與其說「威廉擅長寫五步抑揚格和復仇戲碼」，請把「威廉」改成「莎士比亞」，看起來會更專業。使用你的姓氏不僅看起來更專業，也會更令人難忘，因為「姓」通常比「名」更特別。（*譯注：這點未必適用於華語界）

▼有創意的頭銜反而讓人一頭霧水

你能不能自稱「忍者」或「搖滾巨星」？別鬧了。這種用法也許適合科技界或新創公司，但在較為傳統的行業中看起來不夠專業。你的自傳應該適用於各式各樣的行業和受眾群。

▼加入「行動呼籲」（call to action）

你的自傳是為了生意和職涯而準備的行銷工具。如果你的工作是演講，就該在自傳裡加入連結，方便人們邀請你演講；如果你的工作是顧問，請加入連結，方便人們找你提供顧問服務；如果你在線上授課，就該提供該課程的相關連結。如果某人讀了你的自傳，卻沒成為潛在顧客，這就是浪費。你的自傳是最適合自誇的空間。人們期待你在自傳上自誇，所以你就該這麼做。

大頭貼照

你每次剪頭髮，或明顯改變了外觀，像是開始戴眼鏡、染了頭髮或動了雷射近視手術……就需要準備新的大頭貼照。我建議你每兩年準備一張新的大頭貼照。不是每個人都喜歡拍照，所以我建議花錢請專家幫忙弄頭髮、化妝。你的頭髮應該是你平時的髮型。

以下是我建議的大頭貼照：

- **服裝：**素色，最低限度的首飾，也許一張是穿西裝，另一張是便服。
- **頭髮和化妝：**可以花點錢弄妝髮，如果這麼做讓你感到愉快。
- **拍攝清單：**大多數的專業攝影師會從不同角度拍攝照片。

以下是一些標準的拍攝方式：

- 正面，微笑。
- 正面，不微笑。
- 轉向側面，雙臂抱胸，面向鏡頭，微笑。
- 轉向側面，雙臂抱胸，面向鏡頭，不微笑。
- 演講姿勢的相片。
- 近距離正面照。
- 遠距離正面照。
- 走路姿勢的相片。

你的個人網站

我有許多客戶以為，個人網站就是畫面上出現他們的大量相片，有臉部特寫，而且搭配音樂。這並非事實（除非這湊巧符合你的品牌，那儘管去做）。

個人網站至關重要。你在網路上需要自己的地盤，列出你的設計、成就和個性。我見過許多客戶因為缺乏個人網站而難以取得成果，尤其是那些想更常開口發言的人。描述你曾經代言的受眾和組織，並納入你演講的精采片段。如果你有個人嗜好或其他在乎的事物，也很適合在這裡分享。

你的個人網站是你的「視覺呈現」，擁有強烈的推銷效果，因為人類是視覺的動物。你可以用一大堆文字來描述你的經驗，但是「讓世界看見」的效果更好。記者阿雅·佛斯特曾訪談六位負責招聘的主管，發現他們六人都認為個人網站非常有幫助。

我有個客戶名叫潔米，她有豐富的演講經驗，卻沒把這些案例放在她的個人網站上，讓主辦單位、經紀人或潛在受眾瀏覽。她想獲得更多演說工作，卻很難立刻讓人知道她有過什麼經驗。想做到超強自誇，就必須把自己包裝得漂漂亮亮，放在銀盤上，向人們展示，讓人們更容易採用你。不意外，她沒有獲得想要的演說工作，因為她雖然有實力，卻缺乏吸睛的能力。主辦單位沒辦法確認她究竟有多少經驗，甚至以為她經驗不足，因此選擇了一個經驗比她更少的人，純粹因為那個人用更好的方式展現了自己。

只有個人網站是你能完全掌控的線上空間。在社群媒體上，你必須仰賴受眾對你做出的反應。在公司的網站上，你處於一個大型組織底下。你的個人網站是個活生生的履歷表，它不是用「說」的，而是「展示」給人們看。你的網站就是「一站式商店」，能讓人們清楚地了解你。如果人們想聘用你、寫下關於你的評論，或在你身上投資，就需要這個網站提供的資料。況且，建構這種網站也充滿樂趣（不過我得重申一次：我是做這行的，所以我所謂的樂趣也許跟你不一樣）。

我的個人網站呈現我在乎的諸多事物，像是色彩和幽默、我的狗、寫作、女人和發言權，還有委託販售的時尚產品。而且**我的網站看起來像我**。我精心安排了該網站的設計，讓它顯得活潑但依然充滿說服力，美麗卻也務實。它的每個部分都經過**刻意安排**。

想想你的專業目標，然後想想你能透過網站來表達如何達到那些目標。個人網站能讓人獲得工作。我曾經因為看了某人的網站而雇用對方，而且我相信不是只有我這麼做。有很多東西是你沒辦法透過網路傳達的，但如果你能讓人們感受到所謂的「X因素」（編按：籃球比賽中有所謂的「X Factor」，意指「不安因素」。X因素可以是好，也可以是壞。其影響力，足以改變整場比賽），感受到你的個性多麼吸引人，你就處於掌權的位置。

你沒有理由不這麼做，我也不會輕易放過你。想製作個人網站，有一大堆很簡單的平臺可以利用，其中很多服務都是免費的（至少在基本層面上），而且架設個人網站其實比看起來更簡單。我有些客戶說他們沒有自己的網站，最大的原因是害怕技術相關的層面。你如果沒有個人網站，就等於錯過了金錢和力量，所以我力勸你趕緊去做，或至少開始這個過程。

大約十五年前，我應徵一家公關行銷公司的實習機會，獲得了面談。我完全不記得那家公司和創辦人的名字，也不記得討論了什麼（只記得他們的廚房區有高腳凳？）。我記得最清楚的，是該公司的執行長對我說：「妳如果記不住別的事情，至少要記得買下妳的名字的網域名稱。」那場面談結束後，我真的買下了我的網域名稱。現在，我也以類似的熱忱對你傳達同樣的訊息：買下你的名字的所有網域名稱，不管結尾是.com、.org、.net還是.me。你永遠不知道以後會發生什麼事；某個名字跟你相似的人搞不好很有名（雖然可能是惡名），或是某人可能在網址上塞進你的名字來中傷你。

如果你擁有菜市場名，就買下含有你的中間名縮寫（middle initial）的網域，因為你以後可能會用這個方式來跟別人做區分。越早獲得相關網域，就能避開最糟糕的情況，也就是有人占用了你的網域名稱，並試著把它賣給你。YouTube女王珍娜．瑪柏（Jenna Marbles），曾在播客上說她沒有自己的網域名稱；有人搶走了這個網域名稱，想用六位數的金額賣給她，她拒絕了，所以到現在還是用jennamarblesblog.com這個網域。請注意，她的第一支影片爆紅的兩天後，有人買下了jennamarbles.com這個網域。我不希望任何人碰上這種窘境。

個人網站的網址越簡單越好。你也許覺得名字很怪的網址看起來很酷，但這未必方便讓你的名字傳遍於不同行業。這可能會讓人們搞不懂為什麼要搜尋一個跟你的名字無關的網址。想像一下，有個不懂科技的人試著尋找你的網站（有時候那個人就是我！），你一定不希望他們被莫名其妙的怪網址嚇跑吧。

你也許希望只有酷孩子瀏覽你的網站，但我建議你把網撒得大一點，盡量推銷自己，別錯過任何客戶。有些位高權重的個體和行業需要的是簡單的設計。我曾犯的錯是只想讓酷孩子來看我「超酷」的網站。猜猜看通常誰的口袋最深？絕不只是「酷孩子」。

第七章 開場白

選用合適的開場白

我每次想起我搞砸了一場開場白的時候，就會嚇得冒冷汗。我那次表現得真的很差勁。那是在德州奧斯汀舉行的「西南偏南大會」（South by Southwest），我參加的是該大會的科技部分。我記得在那裡見到一位知名女士的朋友（好啦，她其實又酷又有名），我對那人早已仰慕多時。這位小有名氣的女士邀請我參加大會的派對，我入場的時候被門板撞到無名指，這根指頭的末梢至今還是沒有恢復知覺。我那天晚上真的表現得很好，當時覺得自己因為認識大人物挺酷的，就算只有幾分鐘。這位女士把我介紹給她有名的朋友萊克希（化名）；萊克希擁有一家非常成功的科技公司，我也希望她能成為我的潛在客戶。

那是我第一次以企業家的身分參加大型集會，我當時試著「耍酷」。請千萬別犯跟我一樣的錯。「酷」的重要性其實被誇大其詞，而且這種能力是與生俱來，有些人就是辦不到。我永遠是宅屬性，這點沒辦法改。總之，大夥在那場派對上交流，我則是試著表現得像個嚴肅的企業家，表現出我覺得該有的冷酷模樣。

在這之前，我接受了某個專家給我的關於「商務拓展」的建議；問題是，他的行業跟我的完全不一樣。跟我這一行相比，這個專家的行業更為緩慢又嚴肅（金融和房地產規畫），在獲得客戶這方面需要放長線。他對剛見面的人經常說出的臺詞是他想「先閒聊，晚點再談生意」。現在想起這件事，我都會忍不住發笑，因為這是典型的男人才會做的事，根本不符合我的風格。而且，「閒聊」這種事，比較適合在高爾夫球場上的七十歲白人男性。

在派對上，萊克希向我描述並推銷她的生意，接著問我是做什麼的。我打斷她的話，甩甩頭髮，說聲「我們先享受派對，晚點再談生意吧」。我以為這句話說得恰到好處，她一定會覺得我酷到掉渣。然而，我永遠忘不了她看我的眼神，裡頭混雜了困惑和鄙視。這場談話結束了。她轉身離去，我們再也沒談過話。我立刻知道我用錯了開場白，我不僅徹底毀掉了合作的機會，還讓她發現我是徹頭徹尾的阿宅。

我之所以搞砸，是因為我沒堅持使用適合的開場白，我沒謹慎遣詞用字，而且完全不懂得察言觀色。我錯過了一個關鍵機會。

第一印象很重要

第一印象真的很重要。在那場派對上，我選擇做出不屬於我的風格的第一印象，它不僅不夠慎重，也缺乏效果。許多學者研究我們如何在半秒內評論一個人，二〇一一年的一項研究指出，穿著名牌的人會被視為較為富裕（不過品牌對他們的魅力、友善度或可信度沒有影響）。許多研究也發現，我們經常在別人身上加諸刻板印象，例如二〇〇八年的一項研究指出，人們覺得戴眼鏡的人看起來比較聰明。但別忘了，第一印象的重點不是表現出一個華麗但虛假的人格，真誠也很重要。二〇〇五年的一系列研究指出，人們如果為了顯得聰明而使用不必要的冗長詞彙，反而會造成反效果，而且智力水準會被看得較低。

自我介紹的時候，就是在給別人留下第一印象，而這就是讓你低調自誇的機會。開場白不僅讓你有機會贏得某人的青睞，也能獲得新的生意機會，改善你的訊息，並幫助其他人有效自誇。我認為這是超強自誇術**最重要**的教訓，至少在如何運用策略這方面。

不管你是實習生還是董事長，開場白都一樣重要。想讓自誇之詞或開場白發揮效果，就必須事先做好準備。茱蒂絲·韓佛瑞（Judith Humphrey）是為《高速企業》雜誌寫文章的溝通專家，她跟我們分享了一個小祕密。「那些擅長即席演說的人有個祕密。他們其實不是即席發言，而是事先做好準備。這聽起來也許自相矛盾，但關鍵就是為即興表演做好準備。事實上，『即興』（impromptu）這個字源自拉丁文『in promptu』，意思就是『做好準備』。」

多多練習開場白，就能協助你跨出下一步。你可以把「很高興見到你，我在行銷界工作」改良成「很高興能和你接觸，我在行銷界工作，帶領一支十人團隊。我很樂意跟你討論管理，並示範如何確保團隊表現優異。」做好準備，因為你永遠不知道跟你握手的是什麼樣的人。

再說一次：**你永遠不知道跟你握手的是什麼樣的人**。

我確實從錯誤中記取了教訓，但我也總是把握機會，說出練習過的有效開場白。我曾參加一場關於「永續時尚」的大會，這是我非常在乎的產業。該座談會成員之一是時尚界的大人物，我也一直很欣賞她在職涯上的成就。座談會結束後，我懷著粉絲的心情去找她，告訴她我多麼欽佩她，光是看到她就感到多麼興奮。她沒打發我走，而是問我是做什麼的。我跟她說，我為掌權的女性發聲（我說得很簡要，因為我知道她會對「掌權的女性」感興趣）。她說：「那麼，也許我該雇用妳。」我興奮得尖叫（聽起來好像吱吱叫）。最棒的是她真的有雇用我！（跟我自己擊掌慶祝。）

謹慎用字

謹慎用字的意思是，開口前三思，先在鏡子前練習。很多人覺得這麼做心機很重，但我覺得本來就是為了爭取機會，為什麼不試著做好準備呢？以我自己為例。我為以下情境所準備的開場白，都是為了特定受眾而準備。這三種開場白雖然相似，但在受眾群、語調和氣氛方面差異極大。

▼第一種開場白

受眾：高階主管

我名叫梅樂迪斯．芬曼，營運一家叫作FinePoint的公司，以領導力和專業成長為主，訓練各行各業的執行長和創辦人，提升他們的能見度和發言能力。知名人士的領導力已經變得格外重要，也充滿獲利潛力，而且每個品牌的執行長都是公眾人物。如此一來，塑造正確的公眾臉孔，就能確保你不會錯過任何賺錢的機會。

方法如下：這些高階主管想知道這對他們來說有什麼好處，也就是能賺進多少錢。我究竟能為他們帶來什麼好處？如果不雇用我，會有什麼後果？

▼第二種開場白

受眾：年輕女性的大會

我名叫梅樂迪斯．芬曼，營運一家叫作FinePoint的公司，專門幫助人們，尤其是女性，找到自己的聲音。女人，無論什麼年紀、職涯或前景，我都希望她們對自己的專業成就和自誇感到自在，這就是為什麼我在這裡對各位說話。

我的方法之所以有效，是因為我想鼓勵受眾對非高階主管說話，而且讓受眾獲得自信。我希望這個年齡層，也就是即將從大學畢業的學生，能懷著自信踏入社會。我也希望受眾明白為什麼我的訊息很重要。

▼第三種開場白

受眾：潛在客戶

我名叫梅樂迪斯．芬曼，營運一家叫作FinePoint的公司，專精於領導力和專業成長，訓練各行各業的領導者呈現自己最好的一面、獲得成功。我到目前為止訓練了數以百計的客戶，他們來找我是為了解決與知名度有關的問題。我們解決這些問題的方式，是使用經過實證的策略，還有我這十年來發展的練習項目。

我的方法之所以有效，是因為我證明了客戶為何需要雇用我，而且強調了我為其他人做了什麼。我證明了客戶為何應該花錢雇用我，尤其考慮到我在這一行做了多久，跟多少人合作過。

＊＊＊

請選擇幾個不同的受眾群，練習說出適合他們的開場白。在一開始的時候，複習一下關於「運用策略」的筆記。當你列出目標和受眾群的時候，它們就成了這個練習的資源。這麼做能幫助你改善訊息，讓整體變得更有效果。我已經練習了這類開場白將近十年，但還在持續改善。這是個過程。也別害怕在鏡子前面練習，你擁有很棒的觀眾。

開場白的機制

想留下良好的第一印象，需要掌握幾個關鍵要素，首先是控制好你的眼睛。你的眼睛很重要，科學研究也證實了這點。二〇〇六年《應用工效學》的一項研究發現，推銷員如果看著聽者，就能明顯地協助聽者記住推銷員說過的細節。你越是能維持良好的目光接觸，人們就越可能記住你、相信你。

請務必看著人們的眼睛。英國心理學會進行了關於目光接觸的研究，發現「如果一個人總是避開我們的視線，我們對他的評價就會很低，認定他缺乏誠意、不夠誠實，尤其如果對方是女性。相反的，一個人如果看著我們的眼睛，我們就更可能相信對方說的話」。請讓聆聽者看見你的眼睛。

接下來是「握手」，這個經典動作能讓對方窺見你是否擁有自信。我很討厭軟得像麵條一樣的握手。在職場上被有點汗濕、軟弱無力的手握住，我覺得是最噁心的感受。如果你這樣握住別人的手，對方就會立刻明白別把你當一回事。許多研究證實了這點，尤其如果妳是女性。二〇〇八年的《應用心理學雜誌》刊出一項研究，發現「女性可能比男性更需要透過有力的握手來獲得面試的機會」。阿拉巴馬大學的研究發現「對女性而言，有力的握手可能是有效的自我推銷」。另一批學者研究了一群商學院學生進行的模擬談判，發現奉命在談判之初進行有力握手的人，獲得了更好的互惠成果。換言之，人喜歡握手！握手有利於傳達坦率與合作態度。你不需要握扁對方的手掌，但確實必須表現得願意跟對方握手。

另外還有一些令人難忘的必要因素。例如，造型獨特的名片能讓人們更記得你。名片是個形式，我不認為這個東西會在近期內消失。寫封專業的感謝函也一樣，這種經典的手法能讓人印象深刻。

別搞即興發揮

你如果決定即興說出開場白，就等於搬石頭砸自己的腳。你如果不認真看待開場白，也等於浪費了讓人們記住你的機會。我每次決定即興發揮，效果總是很糟。

別在以下人士面前即興發揮	試著這麼做
①電話上的客戶	①花十五分鐘多多了解他們，而不只是跟工作有直接關聯的層面。在開場白中向他們打招呼，介紹你的工作，並提到他們一些較少人知道的事情，這能發揮很好的效果，讓他們知道你有做足功課，你會成為很好的資源。
②新的供應商	②如果你是跟對方面對面接觸，可以推銷你的專業能力，但也請清楚表達你會成為雙方公司之間的橋梁。把自己呈現成「資源」，而且讓對方有時間發問。
③新同事	③花點時間更了解對方，並說出你能提供什麼樣的指引和專業能力。

我變得很擅長推銷（而開場白就是微型推銷），是因為我這十年來天天都在這麼做。我反覆練習，也全神貫注地應對我見到的每個人。花點時間想想你要見的人，該如何向對方傳達你的經驗。這樣的專注力能換來機會，讓你變得討喜，並傳達你對工作的熱忱。

我見過一名位高權重的男士，事先已經在某篇報導上得知他有個很特殊的嗜好，那湊巧也是我感興趣的事物。因此，我沒對他說出他早已聽膩的臺詞，而是提到這個嗜好。這不僅抓住了他的注意力，也讓我成功跟他建立了默契。如果我採用的是一般的臺詞，就不會有這種成果。如此一來，我們不用局限於談論工作，而是得以討論我們倆都喜歡的嗜好。

在見到新面孔的時候，我們偶爾都會覺得累，把開場白當成例行公事。但是你傳達的能量具有感染力。「我為某公司負責行銷」可以改成「我在某公司管理行銷部門，率領一支七人小組。我正在為我們的新產品進行某項計畫。這真的令人興奮！這是我的名片」，這將造成天差地別的效果。

第八章 推銷

成為自己的頂尖推銷員

有個才華洋溢、愛搞笑且事業有成的朋友，曾跟我分享一個很棒的消息。她熟悉國際關係，寫了篇傑出的自由論文，推銷給一家大型新聞媒體。這家知名新聞媒體打算在幾星期後刊登這篇文章，而且會付她很高的稿費。這個消息令我興奮，因為那家新聞機構很少採用外人的文章。我對此感到欽佩但並不訝異，因為她是我見過最聰明又慎重的人之一。我等不及看到她的名字出現在該新聞媒體的版面上。

幾星期後，我在一場派對上碰到她。我想舉杯為她慶祝，順便問她那篇文章什麼時候會出版。她卻告訴我她大受打擊，因為該媒體在最後一刻決定不刊登她的文章，展示她辛苦獲得的成果。我知道我能解決這個問題，所以立刻切換為公關模式，叫她給我看看她的「推銷清單」，好讓我做出必要的修改。我以為她會告訴我，她對十幾家出版社推銷了那篇文章，她卻說沒有所謂的推銷清單，她只有跟那一家媒體聯繫，我聽了不禁瞠目結舌。總之，她現在確定不會有人刊登她的文章，感到意氣消沉，而且很情緒化。

我真想用力搖晃她的身子。對公關而言，**推銷和吃閉門羹就是家常便飯**。我曾為許多媒體寫過文章，但我的文章，還有我客戶的作品，一開始幾乎都遭到拒絕。然而，只有走過這條路，你才會學到教訓，才會進步，才懂得如何分享你的成就。你必須成為自己的頂尖推銷員，並且繼續推銷。你知不知道我推銷了超強自誇術多少次？多到數不清！

但我那個朋友不是公關業的，她把這次拒絕視為世界末日。她既傑出又成功，卻把這次挫折看成走投無路。相反的，我把它視為起點。她把那篇文章寄給我看，我們一起列出她可以聯繫的另外十家媒體。我協助她準備好臺詞，以便推銷那篇文章和其他成果，她也找到幾家媒體願意聽她推銷。那篇文章終究被刊登了，而且是透過一家完全不同的媒體；該文章稍微經過了一些修改，以配合該雜誌的風格。這不是失敗，而是能讓你有效自誇的機會，透過辛苦的方式來明白你能學會推銷，藉此展現自己和你的工作成果。

娜塔莉亞．奧博蒂．諾格拉（Natalia Oberti Noguera）是「管線天使」公司（Pipeline Angels）的創辦人兼執行長，這個由女性投資者組成的網路正在改變「天使投資」（由個人投資者提供創業資金，以換取可轉換債券或所有者權益）的面貌，並為女性和跨性別企業家創造資金。她強調，「推銷」其實不像一般人想的那樣非黑即白。她表示：「達娜．葛斯坦是PhilanTech的創辦人，該公司是管線天使的一家投資組合公司，後來被Altum公司收購。她對我說過：**『推銷就是一場談話的起點。』**我很喜歡這個觀點。推銷不一定總是一場非輸即贏的零和博弈。身為企業家的你，也許在推銷後還是沒能獲得資金，但在場的人們還是可能提供珍貴的意見或轉介，也許會讓你認識潛在的投資者、顧客或使用者。只要多多練習，你的推銷和自誇就會變得更好。」奧博蒂．諾格拉幾乎天天都會聽見推銷之詞，她認為這是必須多加練習的能力。我知道我必須勤加練習。

推銷就是把自己賣出去，並要求獲得回報。你可能是把生意推銷給潛在客戶，把你的文章當成「客座文章」推銷給報社，或只是把某個想法推銷給你的老闆，看對方是否感興趣。技術上來說，推銷的意思是「使用某種型態的文字，來試圖說服某人購買或接受某個東西」。推銷是公關最熟練的技藝，也是有效自誇的關鍵。

說出你的故事

想推銷自己和你的工作，最重要的是在適當時機說出你的故事。人就是喜歡聽故事，我們就是藉此吸收資訊、建構意見，並且看見這個世界。一個故事越是能抓住我們的注意力，我們就越可能想起它，把它說給別人聽，並且長期記住。每個厲害的專業公關都明白這個道理，而他們說出精采故事的辦法如下。

首先，你必須盡可能把故事說得明確又詳細。你可能知道有效自誇不容易，但我如果想確保自誇的有效性，就必須加入以下這類句子：「你有沒有參加過商務拓展的會議，結果無法成功推銷自己，或對推銷感到不滿意？其實呢，我就是來解決這個問題的。」這類臺詞不僅能讓人們明白我的工作，也協助他們了解這個問題的重要性。我也可以說：「你有時候會不會覺得，你的行業裡有些人總是獲得肯定，就算你懂得比他們更多？你不會覺得很煩嗎？」（這招總是有效，屢試不爽。）有時候我強調環境裡讓我們沮喪的原因，像是：「你是否覺得每個人都在大聲吶喊，而這個世界都在獎勵他們？我能幫你脫離這種泥沼。」（對方的答案絕對是「我願意」。）

想做到有效推銷，就必須盡可能使用各種鮮明例子，好讓人們記住你和你的工作。請把你的故事說得詳盡、鮮明且有深度。說得生動有趣，別只是照本宣科。我們是透過鮮明的敘事手法來聽故事的。跟一連串令人起疑的文章相比，一部生動的Netflix紀錄片更能讓你記住某個關鍵話題。我們就是透過這種途徑來消化並記住事物。

一九六〇年代末期，學者艾倫·帕維奧（Allan Paivio）進行了一項如今相當知名的心理學實驗，發現如果迅速展示一連串圖像或文字，人們比較能記住圖像而非文字。這類研究提出的「雙碼理論」（dual coding theory）認為，我們的大腦是以不同部位來處理「語文資訊」和「視覺資訊」。該理論指出，如果用兩種方式來為一筆資訊進行編碼，例如同時使用文字和圖像，我們就更可能記住這筆資訊。其他幾個研究也發現，就算在語文領域，明確的文字比抽象的文字更容易讓人記住。所以在自誇成就時，請務必使用鮮明的辭彙和圖像，好讓你的故事栩栩如生。

成功的推銷案例

請把關於自己和你工作的推銷之詞說得簡短有力。如果是透過電子郵件，可以寫個簡短的段落，藉此來達成目的，意思就是把想法放在銀盤上，呈現給你的讀者、編輯或招聘者。請傳達可行的簡短資訊，並列出相關的網址連結，你推銷的對象就不用另外搜尋資料，盡量讓對方越輕鬆越好。每個人的信箱裡都塞滿了來信，所以無論你向誰推銷，重點是盡快讓對方明白故事裡的「何人、何時、為何、如何」，避免人家看得一頭霧水。

接收訊息的人是誰？

想做到良好的公關行銷，你就必須了解你的受眾，知道他們想聽見什麼，而且他們每天忙於處理多少信件。你在建立人脈、自我推銷和自誇的時候，建議你先了解談話的對象。

你有沒有想過新聞工作者、會議主辦單位、招聘者或重要人物的信箱是什麼模樣？沒錯，亂得宛如噩夢。裡頭八成塞滿了廣告信、折價券和垃圾郵件。你需要脫穎而出，但也得讓收信者明白你在乎對方。

我在這方面曾經嚴重搞砸。現在想起這件事，還是會尷尬得皺眉。我第一次（也是唯一一次）替別人工作的時候，曾向七十位當媽媽的部落客推銷，她們都是深具影響力的網紅，而我沒寫出她們的名字。我的意思是，我在七十封電子郵件的開頭都寫下「親愛的部落客」。那是我負責的第一個重要工作項目，我卻完全搞砸了。這些部落客各自擁有數百萬讀者，如果其中一個決定對該品牌的研究員——也就是我——提出抱怨，我們的下場就會很慘。我當時感到驚恐又慚愧。聖誕假期開始的前一天，我坐在電腦前，寫信給每一位部落客，拚命道歉，祈禱她們不會在網路上提到這件事。我現在也會收到這類電子郵件，這種信都會直接被我送進垃圾桶。你必須在乎收件者的名字，而且別把人家的名字寫錯。如果你犯了這類錯誤，那別說是進入重要場所了，甚至連門把都碰不到。

推銷的方式，取決於你的人際網路。大多數的公關都不會跟不認識的人說話。他們會運用擁有的網路，請求你花五分鐘聽他們談談他們的客戶，以及該客戶能帶來什麼好處。推銷之詞本身則應該簡短，通常只是一句話。如果我試著為某客戶或自己推銷，而我想談話的對象是某公司或出版社的高層人物，我就會試著透過彼此都認識的某人來幫忙引薦。

例如，如果我想推銷的對象是「艾倫·狄珍妮秀」，我會查詢**LinkedIn**，發電子郵件給我在加州的一群聯絡人，問他們當中有誰參與該節目的製作，能不能提供聯絡資訊，或在介紹性質的信上提到我。請務必詢問對方「你願不願意介紹我們？」，這能讓談話獲得進展，也能允許對方拒絕你。

如果你的聯絡人只是把推銷對象的信箱地址交給你，就該詢問那位聯絡人，能不能在信上提到他的名字。如果對方答應，就該在主旨欄寫下他的名字。如此一來，收信人就更可能打開這封信。

▼想向某個聯絡人提供的人選推銷

如果我要推銷的對象是某個聯絡人提供的名字，我可能會這麼寫：

主旨：透過梅樂迪斯．芬曼介紹而來

梅樂迪斯．芬曼是我們的客戶，曾為《創業家》雜誌寫文章。她聯絡了過去合作過的編輯，並提供了你的聯絡資訊。你是否願意聽人推銷？

最理想的狀況是「溫暖」的介紹（收信者跟你之間有共同認識的人），所以請試著透過你的人際網路來盡可能接近你的最終目標。但你必須謹慎行事。這年頭，人們在社群媒體上有很多不熟的人。你在使用某人當介紹人之前，務必問清楚對方跟你想接近的人究竟有多熟。

如果你沒認識任何人能協助你接近想推銷的對象，以下是我用過的幾個例子。

▼想推銷某個客戶

嗨（收件者的名字），

收信愉快。我很喜歡你最近在（某題材）上發表的文章。我想跟你談談我的客戶丹恩，還有他創立的虛擬實境科技公司。我知道你發表的文章當中，有許多提到虛擬實境如何影響我們目前的生活型態。丹恩能提供專業資訊，也很適合進行訪談。不知道你是否願意在這方面多談談？

▼想推銷我自己的寫作

嗨（編輯的名字），

我是（某網站）的忠實粉絲，我很喜歡你們以幽默的方式為年輕女性提供務實建議。我是擁有十五年資歷的自由作家（在這裡插入作品的網址連結），我寫過的一些文章很符合你們的受眾和你們的語氣。以下是四個故事構想。請讓我知道你是否願意接受這些提案，以及是否有興趣進行後續討論。

推銷的首要環節：為什麼（和受眾的關聯）

人家為什麼應該在乎你的推銷？你的推銷對他們有何意義？這個問題看似嚴厲，卻至關重要。我常常收到一些推銷性質的電子郵件，看到諸多公司行號寄出冗長的信件，而裡頭的內容顯示是從更冗長的行銷文案裡複製貼上，看了就覺得煩。信件的內容無法讓我產生共鳴，寄信者沒考慮我是什麼樣的人，也沒拿出任何讓我感興趣的東西，而只是把我的名字放在一長串收件者名單上，這些人是作家，寫的文章跟商業、女性議題和旅行有關。這麼做不僅毫無效果，反而造成反效果：給收件者造成了負面情緒。

必須讓收信者覺得你的推銷沒有浪費他們的時間。你的推銷應該要能拓展職涯，但你需要讓受眾覺得他們值得花時間聆聽。也許他們迫切需要你的技能和專業能力，也許需要你到他們舉辦的座談會上演講。想想這一點。你需要認定的是，收到這些推銷信的人，每天會收到無數推銷。你的推銷話術必須與眾不同、扎實且有深度。

你也需要加入所謂的「行動呼籲」。如果我收到一篇推銷文，裡頭用了八個段落介紹一家新開的旅館，我會心想：「酷，可是這跟我有什麼關係？」我不會打電話給我朋友說：「你猜怎麼著？有家新旅館開張了耶。就這樣，掰！」不管你是想邀請收件者打電話給你、看你提供的文件，還是一起喝杯咖啡，忙碌的人都想立刻知道你究竟想怎樣。

法蘭．豪瑟的自誇分析：傳達你的獨特價值

法蘭．豪瑟（Fran Hauser）是知名投資人兼作家，經常有人向她推銷以求獲得資金。她經驗豐富，懂得什麼是良好的推銷，也知道怎麼做能讓自己的發言顯得真誠。這位著有《柔韌》一書的作者，詳盡說明如何找到你獨特的價值。

你跟大人物一樣有價值

「年輕人常常認為自己的價值比不上較資深的人。但事實上，我們每個人都拿得出貢獻，尤其是年輕的專業人士，你大概能接觸到某個人際網路或社群，你熟悉某個社群媒體平臺，又或許你擁有的務實專業能力是某個『資深人士』所需要的。你一定有機會能提供價值。」

別只是「請求」，而是「提議」

「最近有個年輕女子透過LinkedIn聯絡我。她花了時間研究我的工作，並指出我資助的幾家公司能透過社群媒體獲益。她提供了一些構想，問我是否願意跟她分享一些建議。她的訊息完全抓住了我的注意力。她不是冷不防地請求跟我見面或通電話，而是提供了有幫助的意見或構想，我更可能對這種訊息做出回應。」

怎樣才是良好的推銷？

良好的推銷需要幾個關鍵要素，具有以下四個特點：

- **簡短：**最糟的就是冗長的推銷。理想的推銷大概五句話就好，就算真的有必要，也別超過兩個段落。盡快地說出何時、何地、何事、為何，還有「這為什麼重要」。你必須認定對方是在手機上閱讀你的訊息，人家在擁擠的地鐵車廂裡，正趕著上班。既然如此，你打算盡快傳達什麼訊息？答案是：對方真的需要知道的事情。訊息越簡短越好。
- **重要：**如果人家在擁擠的地鐵車廂裡滿頭大汗，情緒焦躁，還得閱讀你發給他的無聊訊息，他就會把信丟進垃圾桶，而且對你感到惱火。你的推銷必須跟收信者切身相關，例如是那人平時處理的議題、對方曾發表過相關的文章或演說，又或許他是最適切的聯絡人。我曾經收過這類電子郵件，裡頭的內容跟我一點關係也沒有。這類信件的主題可能跟我平時寫作的範圍無關，不是什麼新鮮話題，或是我看得出來寄件者把同一封信寄給一大堆人——總之，收到這種信真的讓我很火，因為我覺得浪費了時間，而且我會永遠記住這傢伙。
- **體貼：**少許善意和體諒就能發揮很大的效果。別列出流水帳般的冗長項目，而是把推銷的內容說得簡單扼要。但也必須讓你推銷的對象明白，你讀過對方的作品，這會讓他們對你產生好感，也明白你知道他們是誰。投資人兼作家法蘭・豪瑟發現，許多創辦人在推銷時忽略了一個關鍵環節：創辦人本身。豪瑟表示，「創辦人如果在推銷時討論產品，其實就是沒意識到討論『他們自己』的重要性。這方面的情感連結非常重要。」你要做的不是當個機器人，而是跟你推銷的對象建立情感連結。

鏡頭回到那位搭地鐵趕上班的男士身上。他平時都寫些關於科技的文章，寄件者在推銷信上告訴他，他們很喜歡他幾個月前寫的一篇文章，並提到該文章的內容。看到這裡，他不禁綻放笑容，忘了擁擠的地鐵車廂多麼悶熱。

- **可行：**你需要的是什麼？你能不能用一句話描述它？最糟糕的就是收到一封沒有提供可行方案的推銷信。不管你推銷的目的是讓你寫的文章被刊登、獲得面談機會，還是出現在公司的電子報上，你都必須明確地說明目的。在這時候，你必須表現得直截了當。擠地鐵的那名焦躁男子需要知道你現在究竟需要什麼，因為他趕著進辦公室，而且他的褲子沾到了咖啡。

請認定你推銷的對象正在大熱天裡擠地鐵，如此一來，你就會提高警覺，把話說得簡單扼要，表現得體貼，而且為任何狀況做好準備。

魯維．阿加伊的自誇分析：如何向重要人物進行推銷

魯維．阿加伊是文化評論者、暢銷作家、數位策略師，也是知名演說家，懂得如何排除雜訊。阿加伊在許多社群和線上環境都深受喜愛，因此許多人向她推銷，試圖獲得她的注意，但只有少數人懂得怎麼做。以下是提出重大請求的方法。

公式很簡單

「訊息明確、態度自信、話說得簡單扼要的人，才能顯得與眾不同。」

長話短說

「別長篇大論。我們不需要知道你完整的人生故事，也能知道你想要什麼、我們能如何幫忙。」

三個關鍵段落

「我總是叫人們寫下三個段落，別超過。第一個段落是自我介紹，讓我大略知道你的故事。我們需要知道這些訊息是誰寫的。假設我今天要寫一封推銷信，可以這麼寫：『嗨，我叫魯維．阿加伊，是個作家、數位策略師和演說家。我

做這一行已經十五年了，我的志願就是讓人們對這個世界進行批判性思考，而且樂在其中。』

「第二個段落是表達你跟這個工作之間有什麼關聯。讓對方知道你熟悉他們的工作，你是特地寫信給他們，而不是拿『我關注了你的工作好幾年』這種信亂槍打鳥。

「最後一個段落是提出請求，務必說得直截了當。假設我的請求是『我很想跟你在電話上談一小時』，那麼最後一個段落就應該這麼寫：『我真的從你身上學了很多。我很想跟你在電話上談一小時，想問你五個問題，因為我沒辦法在你目前的出版品裡找到答案。』」

你可以在哪裡貢獻價值？

「想想你能貢獻的價值。如果你不曉得如何寫信給從沒見過的某人，也許你就不該先請對方幫忙，而是做自己，說明你能給對方帶來什麼幫助。一般人都是來找我幫忙，這個人卻是要來幫助我？這就能讓你的信脫穎而出。」

懂得感恩，別把事情視為理所當然

「在信的結尾，你應該表現出很感激對方撥空看這封信，而不是覺得理所當然。你可以這麼寫：『就算我們無法合作，也感謝你曾花時間考慮。』我就算沒有時間，也會至少試著做些什麼。」

別在字裡行間透露出緊張

「女性寄來的信，尤其是年輕女性，語氣常常顯得緊張。我想讓女性明白，身為女人並不需要老是懷疑自己和自己的用字。我希望更多女性覺得『是的，我可以提出這個疑問，就算被拒絕了，也不會要我的命』。」

判斷怎麼說效果最好

你必須測試自己的說詞，判斷怎麼說最有效，只有這麼做才能進步。許多客戶詢問我有什麼期望，或身為新聞工作者的我在聽見兩種推銷詞的時候做何感想。我只能控制某些因素，並仰賴我對故事和媒體的經驗，所以我沒辦法告訴你某一封信會造成什麼樣的效果。運氣也很重要，另外也取決於收件者的主觀認知。如果你的故事沒有發揮效果，或是他們不採用你的提議，原因通常不在於你，而更可能是因為他們的預算、空間限制、突發狀況，或完全無法掌控的因素。最重要的是你必須開始去做。

繼續前進

別浪費太多時間判斷如何描述自己和你的工作。我這十年來說過許多關於我和我的公司的不同故事，我學會在什麼時候說出哪個故事，但這是因為我犯過錯，說過一些效果不佳的故事。也許是因為我不懂得察言觀色，或是沒弄清楚受眾是誰。你得開始試試水溫，而在改良推銷臺詞的時候，就會發現哪些方法有效。有時候，有效的不只是數字或美麗的畫面。

被拒絕其實是關鍵

想學會超強自誇術，就要進行大量的推銷，而且習慣被拒絕。如果每個人都對你說「我願意」，你就永遠不會進步。堅強地接受拒絕，你就會成為更堅強的說故事者和專業人士。隨著時日經過，就更不會因為被拒絕而受到打擊。你越常出去努力，越常站起來，而且繼續說出你的故事，就會有更多人肯定你。然而，沒人能在一夕之間就懂得如何應對被拒絕的感受，但我認為我們都應該增加這種經驗。這種經驗雖然很不舒服，卻能打造你的人格。

請記住，每個人都可能被拒絕。J·K·羅琳、歐普拉、梅莉·史翠普、莎莉·克勞切克、史蒂芬·金、Jay-Z，還有這世上每個人，都曾被拒絕過。

拓展並維持你的人際關係

公關行銷的一大重點就是人際關係，這是所有優秀公關人員的共同點。你每天的工作就是拓展人脈，跟人們建立聯繫，然後優雅地對他們推銷，請求獲得肯定。有時候你必須鍥而不捨，甚至有點咄咄逼人。我每天都走在這條微妙的界線上。和媒體之間的關係就是財路，所以公關會極力保護這些關係，而且懂得在什麼時候用什麼方式提出請求，也懂得何時後退。

這在自我宣傳方面是非常強大的工具。人際關係就像一株你絕對不能任其枯死的植物（好吧，就像多肉植物，因為這種植物應該滿難死的）。你需要經常給它澆水，也許唱歌給它聽，問問它最近過得怎麼樣。這就是有效自誇的一部分：拓展並維持重要的人際關係，懂得何時自誇，何時等待。

想想你已經跟誰建立了關係，而且該從哪裡開始。你每次見到某人、寫信給某人或見到欽佩的人，寫下他們的名字和聯絡資訊，妥善保存。我把見過的人們的名片放在辦公桌旁邊，並定期複習。我目前大概有數以千計的名片，有時候我利用它們來提醒自己，已經對多少人介紹過超強自誇術和我的工作。這麼做也會提醒我（你也該這樣提醒自己）跟這些人聯絡，問問他們最近過得如何，想想能用什麼方式幫助他們。這不只是一個人能如何以專業方式幫助你，你永遠不知道職場上的人際關係或交流能如何幫到你。我的人際網路讓我獲得摯友、合作夥伴，甚至導師。

拓展人際關係，請求某人和你談話，這麼做需要勇氣，但能帶來許多好處。許多年前，我和一位名叫潔西的合作夥伴接觸。我有點嫉妒她，因為她似乎在華盛頓特區處理一些很酷的計畫，我也想做那種級別的工作。有一天，我透過臉書發訊息給她，稱讚她的工作，問她能不能跟我喝杯咖啡，結果我們的會面開創了至今長達十年的友誼。潔西也是我見過最優秀的公關，她在這方面根本不用對我自我推銷，我也看得出她的實力。我得到了一位摯友，就因為我願意主動聯絡她。

不是每個人都擅長與人打交道。我的職涯是與人打交道，但你唯一需要的是一個朋友，一個很有幫助的聯絡人，或某個交流活動。我不是叫你當公關，除非這就是你想做的事。我只是要你**換上公關的思維**。

人際關係就像一條雙向道。別以為你只是領取好處的那一方，事情沒那麼簡單。你也需要考慮**能為對方做些什麼**。把你的時間、建議或想法給見到的某人，這會讓你感到滿足。我一定會詢問對方是否需要什麼，就算我自己什麼也不需要。助人為快樂之本，也能為自己積德。此外，每個人都能從別人身上學到些什麼。就因為試著推銷的對象比你年長，並不表示他們不能從你身上學到東西。不管你處於人生哪個階段，你的成就都值得拿出來討論，也充滿價值。

第九章 薪資談判

每個人都需要更願意談錢

薪資談判很困難，也很嚇人，對你和談判對象來說都很讓人不自在。進行薪資談判之前，你必須做好準備，知道自己想要什麼，如何將你的要求合理化，而且是在一個可能帶有官僚氣息的會議上完成這一切。這種場合的自誇賭注很大。

許多年前，一位女士還是低階職員的時候，我曾為她提供關於薪資談判的顧問服務，她後來成了相當知名的人士。我和她第一次談話時，立刻發現她一定會成為明日之星。她具備一切條件，像是經驗、敏銳的頭腦、機智及外表，但她拿到的薪水卻低得可憐。她當時在一家小型媒體新創公司工作，工作環境相當惡劣，工時很長，福利很少，管理階層對她不好，加上工資很低，她因此深感痛苦，但還是想保住這份工作，因為她覺得這對她來說是重要的機會。在那時候，她即將接受一場年度評估和薪資談判，她想要十萬美元出頭的薪水。她知道她想要的數字，卻不敢開口去要，也不知道如何提出這個請求。她很害怕從五位數的薪資提升到六位數，但她知道這是她想要的，她也值得擁有，因為她的工作成果在業界越來越知名。

為了讓她為談判做好準備，我叫她把自己的價值寫在紙上。她寫下她開始替該公司工作後，哪些方面獲得改善，也提供了相關數據佐證；她描述自己貢獻了哪些獨特資產，這些是其他員工做不到的；她也寫下該行業的相關數字，陳述這個職位應該拿到多少酬勞。她把這些自誇之詞寫在紙上，連同用於比較的相關資訊，好讓雇主明白她透過自己的成就帶來了什麼樣的貢獻。

我叫她把這些資料寫在兩張紙上。因為薪資談判跟推銷很類似，所以我要她準備好「行銷」資料來證明她為公司帶來的價值。不管是使用PowerPoint簡報還是兩張紙，她都需要用確鑿的數字來表達她的價值，讓雇主明白她為公司做了什麼。我們安排了一場迷你演講，幫助她在提出要求時更有自信。

我們練習了她該如何要求自己想要的金額。她練習臉不紅氣不喘地說出金額，而且習慣陳述自己的價值。

在談判那天，她雖然感到害怕，還是成功提出了想要的金額。她對我描述她當時衝口說出。我事前吩咐過要等對方做出反應，別拿自己的廢話來填補空白。她靠向椅背，靜心等候，逼自己別繼續說明為何配得上那個金額，就算她覺得在尷尬的沉默中很不自在。她雖然沒獲得想要的金額，但談攏的薪資還是比原本願意給的高出許多。更重要的是，她學會了如何在日後進行薪資談判。在後來獲得的幾個職位中，她更容易獲得想要的薪資，就算她經歷了許多不自在、尷尬的沉默。

許多年後，我在一場大會上碰到她。她仰頭發笑，說某間公司對她提出的酬勞有多「低」，就算該數字是「五」開頭的六位數。這個金額遠比她當年不敢提出的數字高出許多。只是幾年不見，她就有了這麼大的差別，真是不可思議，令我印象深刻。要求獲得你值得擁有的酬勞，需要練習和時間，而在我和她合作的幾年後，她從膽怯變得充滿自信，知道一個很高的金額還是配不上她的時間或努力。看到她一笑置之，知道數字不會影響或局限她，我也感到愉快。她能輕鬆甚至面帶微笑地討論數字，與數字共存。

談到錢的時候，**每個人**都會有些不自在。我們的文化雖然不鼓勵我們討論金錢，卻視之為究極的成功。富國銀行做過一項問卷調查，發現跟政治、宗教甚至死亡這些話題相比，美國人在談到個人財務時最不自在。該調查也發現了性別差異，「五〇%的女性不太願意跟別人討論個人財務，而男性當中只有三八%這麼想。」另一項調查發現，美國的年輕一代開始改變對於金錢話題的態度，而且「跟其他世代相比，他們更願意在晚宴上討論信用評分和收入水準」。重點是，我們每個人都需要更願意談錢。

搞清楚錢掌握在誰手上

人們對薪資談判感到緊張的時候，我也會跟他們討論，他們想要的錢是掌握在誰手上。這麼做，能重新看待該狀況和談話。意思就是，你雖然感到不自在，但你的老闆大概也會感到不自在。你在要求那筆錢的時候，你的請求必須接觸到管錢的人，而那個人通常不是你直接談話的對象。你提出的請求，必須在幾個不同階層經過批准。而你該知道的是，坐在談判桌另一側的那個人，其實也不喜歡這場談話。對這個情況表達同理心，像是說出「我知道你我都不想進行這場談話」，就能減緩緊張氣氛，對你有利。

基本的薪資談判：你可以去問其他人賺多少錢，研究一下市場；也可以問問你的朋友和同事是否願意討論薪資，會很有幫助。但想做到有效自誇，應該著眼於展示你的工作成果，要求獲得更好的報酬，不管其他人拿多少薪水。是的，你提出的金額應該依據市場研究，但也應該符合你能做出的貢獻的獨特價值。我先前說過，想做到有效自誇，我們就應該幫助其他人獲得肯定，但如果連幫助自己都做不到，就別想幫助其他人。這對女性和有色人種來說尤其困難。關於金錢的不平等問題，得花一整本書的篇幅來探討，但你還是必須明白這是個問題。

除非你就是管錢的人，否則你幾乎看不到公司賺進的錢。我的公司是我創立的，所以我懂得如何談論金額，而且把生意和服務推銷出去。這就是薪資談判為何困難的原因之一，更別提你在工作時很少談到錢，也很少接觸到公司的錢。除非你是公司的財務人員（這種職務的人數很少），否則你很難進行金錢相關的談判，因為你本來就很少接觸這個話題。再說一次，你不應該只是「知道」如何做這些事；你缺乏良好的範例，而且每個人都不想談錢，因為這個話題太私人，也是個禁忌，就算它應該被攤在陽光底下。

談判需要大量練習。

延遲答覆

在談判的時候，你其實可以後退一步，這是很多人不懂的道理。你可以花點時間考慮對方的提議，然後才做出答覆。沉默是金，有時候你能利用這點來讓別人感到不自在。讓話題懸在半空中，或是睡一覺再說，這麼做並無不妥。你不需要立刻答覆，就算原因是你就是不想立刻答覆。

你可以對談判對象這麼說：

- 「我需要考慮考慮，再告訴你答案。」
- 「讓我想想，明天再給你回覆。」
- 「我們能不能暫停這個話題，花點時間考慮，下星期再討論？」
- 「我要好好考慮這件事。我們能不能另外約個時間討論？」

使用具體的數字

進入談判時，請準備好使用數字。「我為公司賺進了（列出數字）生意，我積極拓展了公司的利益，為這個品牌賺到錢。」

如果你能說出這類自誇，就等於在談判桌上做出強而有力的聲明。進行市場研究是一回事，陳述你為公司賺到多少錢是另一回事。你的老闆會考慮你的整體條件，像是你和其他人合作得如何、你跟客戶互動得如何、你的態度如何，還有你在工作場合表現出什麼樣的行為。但是最重要的因素，通常是因為你而賺到的錢，所以別害怕說出相關數字。

數字很難讓人反駁。如果能證明你幫他們賺的錢多過他們付你的錢，他們就有充分的理由付你更多錢。

請記住這是個商務決策

我經常跟許多人說，薪資談判通常無關私人恩怨，而是商務決策。人們對談判感到緊張的時候，我就是這樣提醒他們的。你在薪資談判時所能做出最有效的，是就事論事，避免情緒。談判桌另一頭的那個人，正在做一個商務決策。我不想聽起來很殘忍，但這是事實。他們正在試著用最少的錢雇到最好的人才。他們怎麼可能會想多花錢？他們為什麼不會想成交？

我曾和某人談判，但她要求的金額超出我為該計畫準備的預算。而她陳述的方式讓我明白，我如果不雇用她，我就會虧錢。她向我展示了她能如何協助我擴大我的寫作，讓我獲得更多演說工作。我意識到真的不能失去她。你大概也猜到了，我雇用了她。

自信的態度

比起你說什麼，更重要的是你提出要求時有多麼自信。佩特·米切爾是TEDWomen的共同創辦人，也是高階主管，她回想起一場失敗的薪資談判，表示：「準備好要求加薪、升職或成為董事，不管你有什麼目標，你的姿態都必須是，『我有資格提出這項請求。我是對的。』」

第十章 公衆演說

上了講臺，機會大增

公眾演說已經成為高度競爭、高度獲利的產業。這一行與公關行銷、公司知名度及個人職涯發展息息相關。最好的自誇莫過於演說場合，這能讓你表達自己和你的工作、與座談會的成員互動，即時展現你的個性，並示範你能進行有效的問答。現在的演說機會遠比以前多，但空間也比以前擁擠。

許多職涯路徑要上了講臺才變得更為清晰。看著某人在臺上演講，你就會更尊敬他，因為有個人覺得適合把麥克風交給他，有個人決定他的訊息值得說出來。公開地向公眾展示你的工作，能肯定你的成果，並讓你獲得該領域的「思維領導者」頭銜。這適用於任何產業，像是科技、媒體、科學和藝術。演講能把你的訊息帶上大講臺，讓人們看見你有什麼本領，其他好處包括提升知名度、獲得更多收入、贏得業界的尊敬，還能認識其他知名人士和專業人士。

我有些客戶去找《紐約時報》登廣告之前，會先來問我有沒有安排演說工作，這是因為跟「等著獲得媒體報導」相比，演講工作或參與座談會能讓你更快獲得自誇效果。由Prezi公司委託哈里斯機構進行的民意調查發現，七〇%的受訪者認為演講在他們的職涯成功扮演了重要因素。二〇〇九年，股神巴菲特曾在哥倫比亞大學對商學院的學生演講，宣揚公眾演說的重要性。「只要學會溝通能力，也就是公眾演說，你就能把自身價值提高五成。」

你的自我宣傳需要採用許多演說方式。首先，你得自問想在哪裡演講，然後列出你想要的演說機會。你為什麼想在這些場合演講？它們能如何幫助你達成目標？之後，運用你學到的推銷技巧，向大會舉辦單位推銷自己。演說活動，尤其是規模較大的，至少在六個月前就已經安排好人選，所以請別拖到大會開幕前一個月才向主辦單位推銷自己。我建議你越早著手越好；就算主辦單位願意雇用你，可能也得等上一年才能站上講臺。

蘇珊·坎恩的自誇分析：進入公眾演說這個領域（就算你寧可死也不想演講）

蘇珊·坎恩著有暢銷書《安靜，就是力量：內向者如何發揮積極的力量！》。該作於二〇一二年問世後，坎恩創辦了「寧靜革命」公司，幫助內向者在職場上發光發熱。坎恩自己也很內向，覺得公眾演說很嚇人，卻也明白它的重要性。以下是她克服恐懼的方法。

演說的影響力值得你克服恐懼

「我剛進入這一行的時候，其實是出了名地害怕公眾演說，但我真的必須克服這種恐懼。做到這點之後，接踵而來的好處令我大感驚訝。演說能帶來強大的影響力，人們更願意聆聽你想傳達的訊息。」

演說是傳達訊息的捷徑

「你可以花幾百個小時寫備忘錄傳達訊息，也可以花五分鐘上臺演講，而後者能讓你發揮更多影響力。站在講臺上發言，聽眾就是會把你當成你所屬領域的權威。你藉此發揮的影響力堪稱無遠弗屆。」

記住，掌控權在你手裡

「講臺上發生的任何事都由你掌控。訊息是你的，傳達訊息的方式也是你的。」

把你的恐懼拆成小塊

「如果你覺得有想傳達的訊息，就該正視這種恐懼。關鍵在於，去接觸拆成小塊的恐懼，直到你能掌控。」

我該如何歸類你？

在自我宣傳的時候，必須改善你的主題、訊息和語氣，才能獲得成功。是否能獲得演說機會，端看能否做出這方面的改進。意思就是，你必須知道在一場大會中你究竟屬於哪種性質，你的聽眾是誰，而且必須懂得越詳盡越好。

我把注意力從公關行銷轉移到超強自誇術和領導力訓練時，沒人知道該把我歸成哪一類：我是打造個人品牌的訓練師？媒體專家？公關行銷專家？因為這個原因，我當時沒有得到很多演說機會。因此，我細心調整了超強自誇的相關訊息，讓目標變得更明確，而且讓主辦單位明白我適合什麼樣的大會主旨，我就開始獲得更多演說工作。

「我想獲得邀約。」

我有許多客戶和朋友想獲得更多演說工作，卻忽略了一個重要環節：他們必須願意在任何地方演講。你應該在你背後繡上推銷語。（我有這麼做！我有一件丹寧外套，上頭就繡著「超強自誇」這幾個字。我非常認真看待我的訊息！）

你必須**讓人們知道你想獲得邀約**。**直截了當地說清楚**。我有許多客戶想演講，但他們在個人網站或簡介上都沒提到之前的演說工作，也沒提供信箱地址或經紀人的聯絡資料。這是妨礙你獲得演講工作的最大阻礙。你必須明確地請求獲得邀約，或透過相片證據或登錄來讓對方知道你想演說，就是這麼簡單，但每個人都忽略了這個環節。請放上你以前演講工作的相關照片，在個人網站上注明如何邀請你演講，邀約者就會知道毋須透過主辦單位或經紀人也能找到你。此外，也必須表明你有空演講，而且你想演講。直接說清楚。

成功演說的相關技巧

你如果演講得很好，就會覺得自己獲得成功，而且讓聽眾學到了很多東西。（對我而言，「成功」也是穿著一套漂亮的衣服，覺得有逗一些人笑。這些都是成功的指標。）演說成功與否的商務指標，是再次獲得邀約，或有聽眾跑來跟你要名片，以便邀請你演講。進行這類互動時，必須清楚表達你想再次演講，或甚至在臺上演講時就直接說清楚。感謝你的聽眾，讓他們知道他們可以邀請你演講。大膽開口吧。成功的演講，也能讓主辦單位明白他們沒有找錯人，他們的期望獲得了滿足。

為了準備好我的訊息和演講，我曾問過主辦單位以下這些問題。你在上臺前最好盡可能查明這些答案，以便做出精采的演說。

- 你覺得這場演說怎樣才算成功？
- 聽眾期待聽見什麼？
- 聽眾的規模有多大？
- 會場有多大？你有沒有照片？
- 我到時候是站著還是坐著演講？
- 座位會怎樣排列？
- 我能不能看看燈光如何排列？

- 到時候會有人介紹我上場嗎？
- 這場活動會被拍照還是錄影？
- 會有多少人參加這場座談會？
- 誰是主持人？
- 能不能事先讓我知道到時候會提出哪些疑問？

我以前很害怕演講的時候，事先提出這些問題能讓我放鬆點。吃餅乾也有幫助，這是全世界通用的慰藉食物。但出於某種原因，事先看到會場的照片，最能讓我感到安心。能移除掉越多「未知」，效果就越好。

演講結束後，請務必跟聽眾談談。我有許多聽眾為我提供了更多演說工作，甚至成了我的客戶。此外，跟聽眾互動、聽他們提出的疑問，也充滿樂趣。我總是在演講結束後留點時間進行問答，好讓聽眾提出他們的煩惱。適合每個人的有效自誇都不一樣，所以我希望我的聽眾能覺得受到重視。

在演講結束後跟聽眾談話，也能讓你肯定自己的工作能力。你也許會聽見一些前所未聞的疑問或觀點，或者是聽眾自揭脆弱面。人們如果相信你是專家，就會對你說出肺腑之言。聽眾，尤其是年輕女性，會提出很多疑問，關於職涯和志向的切身問題。我覺得我很幸運，因為我能鼓勵他們往前邁進。這是責任，也是我珍惜的責任。

我印象最深刻的一次互動，是有個年輕女士在我演講結束後來找我，態度顯然很緊張。她問我她的夢想會不會過於不切實際，她說：「因為我鎮上每個人都這麼覺得，也這樣告訴我。」聽她這麼說，我難過得心碎。在這一刻，我意識到超強自誇術不只是舉手發言，或是說出你有什麼成果，而是勇於逐夢。我告訴她，別管那些人怎麼想，而且沒有哪個夢想是不切實際的，只要妳願意努力奮鬥。我寫這本書，一部分是為了她。

客戶對我提出的請求讓我更了解自己的工作，我相信你也是。聽眾提出的疑問常常不同於你以為他們想聽見的訊息，因為你只是盡可能適當地猜測。你的聽眾能讓你學到很多！你也該問他們問題。

大衛・魯賓斯坦的自誇分析：如何說服人們

大衛・魯賓斯坦（David Rubenstein）是著名的慈善家、投資家和生意人，早已習慣公眾目光。他了解大聲發言的說服力。以下是他在「如何讓人們願意聽你說話」這方面提出的建議。

在獲得他們的注意力後，讓他們感到愉快

「想想甘迺迪總統的就職演講詞、馬丁・路德・金恩的『我有一個夢想』演說，以及林肯總統的『蓋茲堡演說』。三者的共同點是什麼？答案是：都很簡短，而且沒有明確說出接下來要怎麼做。這三個演講都是以『上帝』之類的詞彙做結尾，也沒有提出明確細節，卻給人們帶來龐大的使命感，讓聽眾在聽了演講後感受變得更好。我也試著這麼做……我試著說出讓人們感到愉悅的演講。」

找到他們的動機

「人生的使命就是說服他人。想說服人們去做你希望他們做的事，就是知道什麼事情能驅動他們。我見到人們的時候，會問他們很多問題，像是他們的背景、他們喜歡什麼、哪些事能給他們帶來動力。提出疑問，你就能更了解對方。」

建立連結

「只要努力這麼做，你遲早能找到連結。越是討論這個話題，你跟對方就能產生更多連結和共同點。如此一來，他們就更可能聽你的。」

分享舞臺

幾年前，我曾是某個座談會的一員，面對一群我見過最龐大的聽眾，人數將近兩千人。那真的很嚇人。我做好了準備，看了一大堆提問的答案，而且穿著我最喜歡的一套紅色工作服。但我搞砸了，因為我上場的態度是想「贏」，我想成為聽眾「最喜歡」的發言者。我沒意識到這個機會能讓我和其他座談會成員建立默契，卻是讓自己顯得孤僻、很討人厭。這不是聽眾想看到的。我把自己搞得很尷尬。我把這場演說搞成競爭，卻給聽眾和自己造成了損害。

和有效自誇一樣，當個成功的演說者並不需要「贏」或成為「第一名」。你如果參加一場座談會，你同僚的使命就是建立精采的談話，彼此幫助，也幫助聽眾。請多了解和你一起參加座談會的人和他們的工作，而且稱讚他們，建立良好的合作氣氛。講臺容得下所有成員有效自誇。你雖然沒辦法要求其他人都這麼做，卻可以以身作則。重複一次：有效自誇的關鍵環節之一，是提高其他人的音量。管好你自己。大夥一起贏得掌聲，才是真正的勝利。

究極舞臺：上電視

上電視是最難取得的機會，也最難獲得成功。它也是最讓人興奮、緊張，能最快獲得知名度的重大機會，例如我在第一章提到的妮娜。

上電視有很多好處，例如他們有時候會讓你坐在演員休息室裡，請你吃免費的零食。出現在電視上，觀眾就能完整地體驗你。如果你上電視的片段在網路上流傳，就能藉此獲得更多上電視的機會，推銷你的文章、座談會和演說。這能讓你的演說酬勞加倍，而且讓你出現在知名人士身旁。例如，如果你坐在知名主播凱蒂·庫瑞克身邊，觀眾就會覺得值得花時間聽你說話。人們相信這位知名主播，也會連帶相信你。這是視覺上的推銷。

上電視很困難，因為它是個巨大的漏斗，很多人試著擠進這個漏斗，因為他們也想出名。但是節目太多，時段太少。在這個快節奏時代，電視上二十四小時都在播放新聞。電視也是個多變的環境；我有些客戶在即將上電視前被移去別的時段，或因為突發新聞或劇本改變而被取消了機會，總之充滿變數。

你可以利用上電視的機會來做準備和練習，但想獲得成功，就是盡可能一再出現在電視節目上。如此一來，最好的準備就是隨時隨地都能出現在鏡頭前，包括線上串流電視（這沒什麼好嗤之以鼻，很多人都利用這種平臺）。最重要的是獲得片段；你如果以前上過電視節目，向電視製作人毛遂自薦就會更容易，因為這表示曾經有人決定讓你上節目，就算節目的規模很小。

最困難的是在電視上脫穎而出，而且一再獲得邀約（製作人認為你是專家，是觀眾會想接受的資訊來源）。這個過程通常既漫長又難熬，但別灰心。製作人之所以挑剔，是因為他們在挑選來賓時沒辦法賭賭看。你絕對不能表現不佳、讓節目出糗。製作人很擔心你的外表（尤其如果妳是女性），你的聲音好不好聽，而且觀眾會對你如何反應。製作人需要確保你會表現得很好，通常因為節目是現場直播。如果你在這種節目上說不出話，絕對逃不過觀眾的眼睛。

意思就是，你上節目的時候，必須拿出最佳表現。

什麼時候不該自誇？

超強自誇術不表示隨時隨地都該自誇。別讓受眾感到疲憊，也別讓自己感到疲憊。懂得何時收手，是一門很重要的技藝。有時候你需要做決定：不揭露工作成果，尤其如果這是你剛開始學習、可能會搞砸的技能。我也不例外。好消息是，身為合格沉默者的你，已經習慣當個旁觀者。

我有個客戶厭倦了一年當中有兩百天搭飛機、到處演講。她說她受夠了。她在個人網站上的大頭貼照，是她在一大群人面前，站在大型講臺上，拿著麥克風。這張相片表達「我想演講，快花錢請我演講，這是我的生意命脈」。為了改變這個觀感，她需要傳達不同的訊息，需要換掉照片，也需要換掉訊息。只有你能在你的公私生活之間劃清界線。不是所有超強自誇都會帶來好處，除非它符合你的目標。

自誇在什麼時候會缺乏效果

▼你累了

懂得何時該沉默，何時該聆聽，是身為合格沉默者的你應該已經擁有的能力。你的沉默是你個性的一部分，而且能發揮強大效果。你不需要對每個故事或情境都發表意見。訣竅在於，學習如何策略性地自誇，而不是成天自誇。

我在演講結束後，或花了很多時間和許多人一起完成一個大計畫之後，會感到筋疲力盡。我只想窩在家裡看電視看到眼睛脫窗、吃零食、摸摸我的狗。我知道和人們打交道、演講、出席許多會議，會讓我非常疲憊。你必須知道你的極限在哪，而且別害怕休息。有時候你不敢拒絕某個能提升知名度的機會，但如果這麼做不會給你帶來最大利益，你也不會表現得非常好，那就沒有去做的理由。聽者的反應能讓你知道是否該充電了。

▼你需要察言觀色

有時候，某個時機和場合就是不適合自誇。人們的焦點不該在你一個人身上，而這點很難拿捏。有時候，其他人會想談談他們自己，而你如果讓他們這麼做，對你會更有益處。

▼人們已經被說服了

有句話叫做「別再賣了」，意思是你已經說服我了、我不需要再聽下去。我以前常犯這種錯，因為說得太興奮而不懂得何時罷休。你必須測試界線，如果聽者的表情或言語表達「我們懂了」或是「我們明白你的意思」，就該踩煞車了。

第十一章 線上自誇

我們已經討論過許多現實生活中的自誇情境，包括面對一名或幾名受眾的情況，本章接著探討如何在網路上自誇。讓我們分享成就的網路空間既龐大又不同，包括部落格、公司網站和社群媒體，但我們值得花點時間考慮這些受眾，他們通常都是陌生人。

社群媒體

社群媒體充滿變化。「按讚」之類的衡量方式會改變，但策略和目標大多保持不變，也就是自豪、大聲點，並且運用策略。表達你是誰、想要什麼，而且讓人們容易幫助你。你的訊息必須一致，這才能幫助你成長、溝通、進行有效自誇，也讓你在分享成果和貢獻時感覺良好。

社群媒體是個非常多變的環境。我給客戶的建議是：選個你最不討厭的平臺，好好經營，好過在所有平臺上表現慘淡（當然，你應該先在每個平臺上創立ＩＤ，以防哪天你決定使用該平臺）。考慮每個媒體的特色，例如Instagram需要照片，推特需要主題標籤（hashtag）。

使用主題標籤時，別做過頭。如果使用超過三個，看起來就會很凌亂。在社群媒體上分享東西，最重要的不是確保每個主題標籤都很完美，而是使用選定的形容詞最佳地展現自己，判定你瞄準的是哪個受眾群，而且樂在其中。我很喜歡在Instagram上分享網路迷因，也超愛小動物。在這種平臺上是不是只能張貼關於自誇的東西？不是。想跟我的受眾分享可愛的動物照片會不會讓我覺得開心？會。所以我繼續這麼做。

使用社群媒體是個選擇。如果你使用社群媒體是為了達成目標，而不只是用來社交，這個點閱率就會為你的職涯帶來極大的不同。例如，羅布·德萊尼和梅根·艾姆拉姆這兩位喜劇演員，就是靠推特才獲得今天的職涯成就。臀部的特寫照片就是透過Instagram而大受歡迎（雖然我猜大家本來就喜歡看臀部），其中一些臀部甚至讓許多生意成功。重點是，你會發現許多機靈的社群媒體使用者因為分享工作成果（例如藝術和相片），而造就了職涯成功。沒錯，網路可能充滿仇恨、對女性的歧視及種族歧視，但你也可以找到並建立一個正面的角落，供你的受眾閱讀、享受及分享。

持續在網路上介紹自己

你在網路上應該時刻地介紹自己，每個月至少一次在各媒介上發表一篇自我介紹的文章。例如，「如果你是新來的，以下是我的個人網站連結，能讓你更了解我。我經營一家名叫FinePoint的公司，我寫作，而且教導人們如何自誇。」我每次這麼做，那些正在追蹤我、對我的工作感興趣的人，都會留下評論。意思就是，我以前沒讓他們看到適合的內容，不然就是他們根本沒看到這類文章。

這表示你必須經常重複自己，但你已經熟悉該說的臺詞。我有時候會想，怎麼會有人不知道我教人自誇、自我推銷？但他們真的就是不知道。記住，很多人沒看過你以前發表的內容，他們可能才剛開始追蹤你，或是以前沒認真看，因為當時的內容對他們來說並不是很重要，畢竟網路上有太多可愛的動物可以看。然而，一旦他們需要你的幫助（或是知道有誰需要你的幫助），就會開始對你的工作感興趣。

有很多人等著被你吸取注意力。意思就是，網路上有無限個機會；也就是說，你要做的工作是無限的。你永遠不可能單靠一篇文章來接觸到網路上的每個人。你要做的就是保持訊息一致，人們遲早會看到你的訊息。

自我宣傳的行動事項

◆修訂你的履歷表。
- 準確地列出你的工作史。
- 使用正面、強力的字句來描述你做過什麼。
- 列出你得過的獎項和成就。

◆寫下或重寫你的自傳。
- 寫下長篇、短篇和兩行自傳。（長篇自傳是一頁，列出所有過往；短篇自傳是一個段落；兩行自傳是兩句話。）
- 拿掉嗜好、搞笑的推薦人，或是創意性質的頭銜。
- 加入超連結。
- 不要使用軟弱的動詞或被動語態。
- 使用你的姓氏，而非你的名字。
- 加入「行動呼籲」。

◆買下你名字的網域名稱（在所有社群媒體上創立ＩＤ，包括你不認為會使用的那些平臺）。

◆利用簡單好用的平臺來建立一個基本的網站。

◆在Google上搜尋你的名字，記下前三頁的搜尋結果。

- ◆用你的名字設定Google快訊。
- ◆創立一個以你名字為主的電子郵件地址。
- ◆檢查你的電子郵件簽名欄（確保這個欄位列出適當的聯絡資訊）。
- ◆選擇三種不同類型的人或受眾，為每一種寫一篇自我介紹。
- ◆練習如何向地位比你高的人自我介紹。
- ◆練習如何向同事自我介紹。
- ◆寫一篇自我推銷文（這篇推銷文應該從三、四個角度來描述你的故事和自我宣傳。先從一個較為廣泛的核心推銷開始，然後把它拆解成給三、四種不同的受眾）。
  - 針對潛在的新聞工作者或作家，寫一篇自我推銷文。
  - 針對一場大會或一位電視製作人，寫一篇自我推銷文。
  - 針對一位潛在客戶，寫一篇自我推銷文。
  - 針對一位欽佩的人，寫一篇自我推銷文。
- ◆更新你的大頭貼照，傳達你想傳達的訊息。
  - 每年都拍一張新的大頭貼照；如果改變外貌，就提高更新的頻率。
  - 在每個場合都使用同一張大頭貼照。
- ◆準備新的名片，或訂購更多名片。
  - 列出你最想參與的座談會，還有你想演說的場合。

- 如果這類活動每年都會舉辦，就按時間順序來整理。
- 針對大會舉辦單位或製作人，寫下自我推銷文，並且查到他們的聯絡資訊。

◆如果可以，製作一份以前的演講片段集。

- 一份用來爭取演講工作，一份用來爭取上電視的機會。
- 加入你出席公眾場合的精采片段，當作最究極的簡短自誇。片段集的長度不應該超過幾分鐘。

◆在你的個人網站、社群媒體或電子郵件簽名欄裡，清楚說明你想獲得演說邀約。（你也可以另外準備一個電子郵件地址，像是「speakiong@你的名字.com」。）

◆加分項目：寫下你的核心演講稿。

- 寫下二十分鐘的版本。
- 寫下四十分鐘的版本。

第三部

成為
專業人士

我們已經探討了核心教條：自豪、大聲點，以及運用策略。我向你描述了我的指南，這源自我身為公關的工作，現在你也知道如何開始自我宣傳。

你已經做好準備，能開始思考超強自誇術的相關細節。最後的行動，是明白成為公衆焦點是什麼意思，如何為必定存在的「能見度起伏」做好準備，還有你能如何跟全世界、人際網路，以及朋友分享你學到的東西。

第十二章 面對你的自誇恐懼

害怕其他人會怎麼想、怎麼說

大約十年前，我第一次獲得一家大型商務出版社提供的工作。我花了好幾個月向該出版社的編輯推銷，也終於獲得寫專欄的機會。得到那份工作後，我興奮不已，瘋狂地在手機還有手邊的電話帳單上寫下筆記。我花了幾星期琢磨一篇八百字的文章，寫信請朋友對我的初稿提供意見，而且不斷在「這篇文章是垃圾」和「這篇文章是傑作」兩種心態之間徘徊（寫作就是這一回事）。我多次調整標題，大概寫了一百個不同的前言。

我把文章寄給出版社，還記得我看到它被刊登出來時有多麼興奮。我的名字！出現在網路上！而且是有名的網站！我當時還是不敢相信，這家獲獎的媒體竟然想要我寫的文章。震驚情緒消退後，我想立刻獲得網路上陌生人們的肯定，所以我去看了最糟糕的地方：留言區。

不到一小時，一則評論出現了。我當時心想：「我確定這個人會叫我去上《時尚》

雜誌的封面，會說我的文章寫得多棒，我的頭髮多麼有光澤。」你大概也猜到不是這麼一回事。那則留言寫道：「我真後悔浪費了兩分鐘人生看這篇文章。」十年後，我還是清楚記得這則留言。

我學到了教訓：千萬別去看留言。我的信箱鑰匙圈上就刻著「千萬別去看留言」這幾個字。留言區會引出最糟糕的人性。躲在螢幕後面的讀者留下的這類輕率又惡劣的評論，會讓你臉紅，甚至掉淚。

這次經驗讓我學到寶貴的教訓，也讓我學到離「留言區」這種糞坑越遠越好。接觸留言區，不僅難受、嚇人，有時候也會給你帶來傷害。不管是在講臺上還是在會議上，你願意開口，提出意見，讓人們注意你和你的工作，就意味著他們會對此做出評論。

我曾多次跌跤受傷，但我每次都把自己拍乾淨，重新站起來。每個公眾人物都是這樣，這是這類工作領域的一部分，而且值得。如果你站穩腳步，學會應對，獲得的經驗整體來說就會是正面的，否則我根本不會寫這本書。

你感受到的恐懼正常得很，所以我每天才會幫助人們學習如何自誇。

在我見過的客戶當中，最常見的恐懼就是害怕其他人會怎麼想、怎麼說。誰沒有這種恐懼？你決定站在一名或一萬名聽眾面前時，人們一定會對你和你的言論發表意見。對「其他人會如何評論你」感到焦慮，再正常不過了。我也很緊張你會如何評論這本書！我現在就很緊張！我希望你讀得津津有味。

你的掌控權其實比你想像的更大

我猜你已經知道這個道理，你讀這本書是為了學習如何站在聚光燈底下，不想再產生逃跑的念頭。我最常聽見的擔憂——無論來自大學生還是董事會成員——就是：「如果我因為成為公眾人物而受傷怎麼辦？」

其實，你的「預見未來」能力比你想像的更強。你雖然沒有水晶球，但這些策略能幫助你減輕潛在風險，而且你還是可能會稍微受點傷。但只要後退一步，懂得學習慘痛教訓，你就不用擔心。

幾年前，一名年輕女子寫信給我，說她因為我寫的一篇文章而覺得有自信，開始推銷自己的文章。她跟我說她很害怕，擔心編輯不會把她這個年輕大學生當一回事。所以我給了她一些建議，跟我向你描述的「推銷有什麼力量」很相似。我回信給她，她有照我的建議去做，經過幾次嘗試後，獲得了第一次出版的機會。我收到這類訊息時，感到無比慶幸又驕傲。這類訊息值得讓我承受相關的焦慮和恐懼。我回信給她，說她願意嘗試就證明了她是狠角色。你只要願意嘗試，你就是狠角色，就該為此獲得分數。

這一章會讓你準備好應付可能的負評和批評，也會讓你覺得「讓別人生氣也不會怎樣」。讀完這一章後，你會更自在地主動攀談、對自己感到驕傲。如果成為公眾焦點的後果都很糟，而且不會為你帶來生意、媒體曝光或職涯成長的機會，那我又何必在這裡鼓勵你拋頭露面？

你的夢魘問題是什麼？

我會跟客戶進行一項稱作「夢魘問題」的練習。這種疑問是害我們失眠的那種令人害怕的疑問，是記者或大會聽眾可能提出的最敏感、最黑暗的問題。我協助客戶找出這種疑問，然後作答。我知道你也有能力進行這種訓練。只要你願意面對這種可怕的疑問，應該就能面對恐懼，就算你還是會覺得不自在。

對我大部分的客戶來說，處理所謂的夢魘問題，意味著面對內心深處的恐懼：擔心自己能力不足或不夠資格。夢魘問題的重點，是讓你為最糟情境做好準備，但也讓你發掘永遠不會有人對你提出的疑問。我要你想想，什麼樣的疑問是你最不想面對的。你陷入低潮的時候，腦子裡會對你問什麼、說些什麼？沒錯，就是那個惡劣、討厭、不請自來又莫名其妙的疑問。就是它。我要你把它拖到燈光下，叫它滾，而辦法就是拿出強力的反駁之詞。

對我而言，我的夢魘問題是：「妳以為妳是誰啊？有太多千禧世代創業者比妳成功。」這個疑問揭露了我的恐懼，我擔心自己的工作成果不夠好，擔心每個人都認為我是廢物。我在覺得難過、害怕或失敗的時候，這個疑問也會悄悄來到心中。面對它的時候，我會心想：「別怕，我應付得來。」我對這個疑問的答覆是：「我覺得幸運又感恩。我盡所能拿出了最好的工作成果。我為我做的事感到自豪。我寫了兩本書，發表了數以百計的文章，訓練了數以百計的客戶。」至少我現在準備好了答案，就算**永遠、永遠不**

會有人對我提出這個疑問。

找出你的夢魘問題，準備好對腦袋裡那個小聲音做出答覆。我為什麼要你為一個永遠不會有人問你的問題做好準備？因為「做好準備」會讓你比較放心。你永遠不需要把它拿出來用，但至少有東西能回敬腦子裡那個小聲音。

這類疑問其實反映了你心中既隱密又黑暗的不安。這項練習能幫你把「衣櫃裡的怪物」叫出來，邀請牠坐在身旁，而且對牠說你再也不怕牠。只要準備好答案，牠就會消失。夢魘就是這麼一回事，它並不真實，卻讓人覺得非常真實。

我的客戶提出的一些夢魘問題如下：

- 「你能有今天，其實都是因為家人資助你，你什麼也沒做，是吧？」
- 「你以前的紀錄那麼差，竟然還想成功？」
- 「你以前跟別人合作得那麼差，現在怎麼可能有人想跟你合夥做生意？」
- 「你有沒有想過，你的產品吸引不到資金，是因為它是個很糟的構想？」

現在，寫下你的答覆。我和客戶在進行這個過程時，我會提出疑問，要他們答覆，然後幫他們找出究竟害怕什麼，並處理這個問題。我會向你展示這如何幫助我回答我的夢魘問題。

剛剛說過，我的夢魘問題是：「妳以為妳是誰啊？有太多千禧世代創業者比妳成功。」

首先，我分析這句疑問為什麼在我的腦子裡：創業不容易，有信心繼續為自己的工作奮鬥下去也可能很困難。我心情惡劣的時候，常常會做出一件很糟的事：拿自己跟比我更「成功」的人做比較。我們都知道這麼做一點用處也沒有。現在我知道我的夢魘問題是從哪來的。

接下來的步驟，是想像我在……比方說一場座談會上，有人對我提出這個疑問。注意：基本上不可能有人在座談會上問我這種問題，但我還是害怕這種可能性。「恐懼」這種東西本身就很不合理。但為了屠殺這頭惡龍，必須繼續進行這個練習。我思索自己會如何反應，想像自己坐直身子，用沉穩的語調作答，同時也想落淚。我思索超強自誇術的所有環節，然後先表達「感激」，我承認我很幸運能有今天的地位，接著表達「自豪」，說我盡所能地努力了。別只是認真看待那個擾人的聲音，你必須證明它是錯的。

我得說清楚，我的客戶從沒遇過有誰提出這種夢魘問題。我不認為有人會如此提問。我以前甚至跟我的客戶打賭：如果他們真的碰到有人提出夢魘問題，我就給他們一百美元。親愛的讀者，我的出版商不允許我跟你打這種賭，但如果真的有人對你提出你的夢魘問題，我就把你買這本書所花的錢退還給你。

以下是夢魘問題範例的一些答覆：

「你能有今天，其實都是因為家人資助你，你什麼也沒做，是吧？」

「聽著，我不否認，我確實非常幸運。我爸是我非常欽佩的人（不管你喜不喜歡他）。我大概沒辦法取得他那種成就，但我確實願意努力嘗試。」

「你以前的紀錄那麼差，竟然還想成功？」

「我確實冒險過，也失敗過，畢竟風險就是風險，但我還是願意努力，願意不斷嘗試。況且，我從失敗中學到了很多教訓，視之為學習經驗。我學會了如何籌得資金、如何聘請人才、如何管理員工，而且我不認為哪家公司能永遠營運下去。」

或是：

「世無定事，但我還是願意繼續嘗試，而且我擁有新手創辦人缺乏的經驗。」

或是：

「跟成功相比，人能從失敗中學到更多教訓，所以我獲得了很多知識。」

「你以前跟別人合作得那麼差，現在怎麼可能有人想跟你合夥做生意？」

「聽著，跟任何人合作都是很困難的事。我花了很多時間考慮這點，而且維持合夥關係真的、真的很困難。如果以後能再獲得生意合夥人，我一定會回顧過往，明白我在那些關係當中如何製造出負面的環境或敵意，我不會再犯同樣的錯。」

「你有沒有想過，你的產品吸引不到資金，是因為它是個很糟的構想？」

「這個嘛，我不認為它是個很糟的構想，我對這種批評也感到不以為然。有很多傑出的構想和產品正在獲得資助，人們也總是在尋找值得投資的新點子。我會繼續尋找適合的構想，而且我知道一定能找到相信這個構想的投資人。」

或是：

「我花了很多時間籌款，意識到這當中充滿許多不確定性和主觀性，我也每次都學著改良我的推銷詞。我對我的產品充滿信心，也相信遲早能找到投資人。」

恐懼很正常

害怕是很自然的反應，人人都會害怕，無論何時何地。人類的體內九八%都是水，所以我們基本上就是充滿焦慮的黃瓜（這不是我發明的笑話，但我很喜歡），帶著令我們害怕又難過的思緒走來走去。我曾和一位超級明星（至少她在商務界是個大明星）通過電話，她很害怕即將上一場TED演講（她不是第一次上TED演講，所以我搞不懂她究竟在擔心什麼）。她當時每天練習四小時。我提醒自己：如果她會緊張，那每個人一定都會緊張。

選擇更有效的自誇，無論是在同事當中舉手，還是演說，都伴隨著強烈的脆弱感和不確定性。我為你感到驕傲，因為你還是選擇自誇。儘管感到恐懼，卻還是決定去做一件很困難的事，這就是成長，這很棒。你願意站上打者席，就該感到自豪。

關鍵是自我控制，做好準備，知道每個人都面對同樣的挑戰，而且付出一些努力。

異議其實是力量的象徵

合格沉默者不喜歡自誇，倒也情有可原。這種人看到自誇所引發的緊張氣氛和仇恨情緒，就不願參與。然而，如果有人對你提出異議，其實是成功的指標。請注意，異議不等於仇恨言論，而是單純的意見不同，就算說話者的態度很差。我錄過一集關於「二手衣時尚」的播客節目（名稱叫作《百穿不厭》），而這個節目獲得第一個負評的時候，我大感興奮！我知道這聽起來很怪，不過這表示不支持我的人也在收聽我的節目，這些陌生人在乎我的節目，所以花時間留下了評論，就算他們不喜歡內容，上網留言也只是為了讓我知道他們不喜歡。

如果每個人都對你的訊息表示同意，這大概表示你的受眾太小。在宣傳訊息這方面，「辯論」其實有建設性，也有重要性。仔細看看這些能拓展你的訊息的新觀點。你必須懂得分辨，哪些新觀點能幫助你傳揚訊息，哪些只是惡言相向。

我接觸過惡毒留言後，學會請朋友和同事查看我的文章，提供有建設性的善意批評。這並不表示你應該把不夠正面的評論全都當成耳邊風。建設性批評能幫助你成長、改變並改善；非建設性的毒舌噪音就沒有這種效果。

這年頭不是每個人都**應該**贊同你的看法。一群對你只有好評的受眾，其實對你沒有幫助。魯維・阿加伊指出：「『我希望人們同意我』的這種想法，其實是個陷阱。如果每個人都喜歡我，我反而無法達成真正的成果，做不到應該做的事，也不會對世界造成影響。」這是很重要的觀念轉變，你甚至可以把這視為責任或使命宣言。阿加伊表示：「我總是對人們說，你的工作不是讓其他人同意你，也不是把自己當成某種神奇仙子。你的工作並不是避開批評。你的工作是**忠於自己**。你必須做好準備，因為有人會批評你，不是每個人都會喜歡你的言論。」

異議的意思是，**你擺脫了同溫層效應**。異議和批評都會讓你感到不愉快，但如果遭遇這兩者，意思就是你突破了某個閉環，而且有影響力，而影響力就是讓你獲得機會的大門。

「如果沒人批評你，」阿加伊解釋：「意思就是你大概沒做出或說出值得注意的東西。」值得吸引注意力、值得自誇的工作成果，很可能會為你引來批評，而這就是這個世界的現實面，無論公或私，無論在現實環境還是網路上。只要計算並評估傳達訊息的最佳方式，你就能盡量地降低風險。如果你能為所有情境做好準備，明白可能會發生什麼狀況，並懂得如何排除毫無幫助的焦慮，這會讓你的訊息更有效果，並讓你的成果忠於自己，也對你最有利。

感受批評

有時候，自誇不會讓你贏得朋友，在充滿政治氣息的辦公室更是如此。每天都要面對很多人的自尊、意見、不安、感受，甚至有人從冰箱裡偷走你的優格。這種環境錯綜複雜，有時候可能會因為運用超強自誇術而遭到批評。

不高興的同事

常見的案例是，你的自誇傷了某個同事的自尊心，搞得對方不高興。這個問題的源頭其實不在你身上，而是在他們身上，但你還是得和他們共事。處理這個問題的辦法是跟他們談話，以避免他們想採取辯駁的態度。如果他們就是因為你誇讚自身成就而不高興，那就隨他們去吧。但你得知道，他們以後可能會對你表現出更負面的反應。

首先要做的，是查明多少問題在你身上，多少問題是在他們身上。你的自誇讓他們感到彆扭又焦慮，是因為他們的成就比不上你。他們生氣，是因為他們看到你的成就，而覺得自己不可能拿得出同樣的成果。

你不用為其他人的感受負責，但確實必須和這些人一起工作，所以這取決於他們的抗拒程度有多高。你該把他們拉到一邊，私下談談。你可以對他們說：「我只是想確保沒有任何事會阻礙我們完成這項計畫。你如果有什麼問題，隨時都可以來找我談。」如果你覺得對方不想談話，但你想解決這個問題，可以說：「你隨時都可以寫紙條給我。我很樂意跟你談，你想怎樣我都配合。」

如果對方跟你實話實說？如果有朋友或同事對你說：「嗯，說真的，我不喜歡你的自誇。」你可以這樣答覆：「原來如此，我很遺憾你不喜歡聽見我自誇，但我想確保人們有聽見我的發言、肯定我的貢獻。其實，你也可以自誇。」你也可以換種方式說：「嘿，我正在很努力地讓人們聽見我的發言，我現在並不想接受批評。」

如果你是透過流言蜚語得知有人不喜歡你自誇，那根本毋需理會。如果你覺得有必要理會，可以對告訴你這件事的人這樣說：「說真的，這對我其實沒什麼幫助。你以後不需要再讓我知道這種事。」你只需要對親口批評你的人做出回應。

如果你聽見老闆或雇主對你的自誇做出負面評論，可以這麼說：「我想當個好員工。你能不能把批評說得更詳細點？」如果對方說：「噢，你在會議上有時候會打斷其他人說話。」那你可以說：「謝謝你的意見回饋，我會注意。」你的老闆也許會說：「其實，我們已經知道你有什麼成就。」你可以說：「這樣很棒。你能接受我用什麼方式繼續傳達我獲得的成就？」

在溝通的時候，考慮一下對方的權力和掌控權會如何影響你，而你的自誇如何襯托出他們的抗拒。如果對方是你的頂頭上司，而且掌管你的職涯，那確實必須在這件事上處理對方的感受。有時候，自誇時就是必須顧到別人的感受，而如果對方控制你的薪資金額、能否升職，那你大概必須暫時降低自誇的頻率。

如果對方是你的同輩，你可以對他們說聲「好，非常感謝你的意見」，然後繼續過你的日子。

升職引發的嫉妒

超強自誇術帶來的另一種抨擊，是獲得晉升而引發的嫉妒。也許剛剛提到的那位惱火同事也想爭取升職的機會，他也許覺得自己有能力做到那種階級所需的工作成果。你雖然得謹慎行事，但也要確保晉升機會並不會因為別人的恐懼而受到影響。如果情境敏感，最好的辦法通常是表達感恩的態度。

你不應該為獲得升職而道歉。某人如果真的在乎你的利益，就會因為你榮獲升遷而替你感到高興。人可以同時出現兩種感受：因為自己沒升職而生氣，但也為朋友升職而感到開心。

如何應付批評？

有時候，不管怎麼做，你的自誇就是會引發旁人的嫉妒和惡意。你應該盡可能表現得禮貌又感恩，但也應該處理同事出現的這類反應。詢問他們，以後希望透過什麼方式聽見你的成就，或是在一個無批判氣氛的公開環境裡，問他們有沒有什麼想討論的話題。總之，你不應該為了試著處理別人的感受而把自己搞得發瘋；這不是你的工作，也不是你的職責。

恐懼是真實的

我們害怕置身公眾場合，這種恐懼常常源自我們從別人口中聽見的恐怖故事。我希望你在這方面能盡可能受到保護，而方法是幫助你列出處理這些恐懼的解決方案。

我承認，這種恐懼不好應付，有些人就是會對你惡言相向，甚至做出更惡劣的舉動，尤其如果你是女性、有色人種，或是LGBTQIA社群，總之你不是白人男性。這類的騷擾、人肉搜索（公布某人的個人資料，例如家中地址），還有社群媒體暴民，都必須被阻止。你必須明白相關的嚴重風險。

製片人兼作家德萊安姆．漢普頓（Dream Hampton）坦承：「我總是傾向當個透明人。」她向來熟悉歷史，具體來說是關於女性的歷史，尤其是黑人女性，在試著提高自己的能見度、大聲發言、採取行動或發揮影響力之後，會遭遇什麼樣的後果。她們試著反抗一個掌權者或掌權的制度，會有什麼下場？她們面對的反應可能更恐怖，而漢普頓太熟悉這點。

漢普頓指出，「公眾話語權」在網路時代所引發的抨擊已經改變了，尤其關於她製作的獲獎影集《從勞凱利手中倖存》。她說道：「這年頭，人們如果想對付你，就會肉搜你，找到你家的地址。」她說有人公布她的私人談話和私訊內容，變造並刊登她的相片，傳給她騷擾性質的推特留言和訊息，甚至盯上她年輕的女兒。漢普頓發現，這種攻擊常常來自你意想不到的人。漢普頓雇了一名資安工程師來處理肉搜的問題，並評估她置身於什麼樣的風險，結果發現攻擊她的人大多是黑人男性。「我面臨最大的威脅，是來自我不認識的黑人男性。而我是異性戀女性，我只跟黑人男性交往過，也深愛黑人族群，而這項發現真他媽的傷透了我的心。」她的建議是什麼？請為抨擊做好準備，不管你是否預料它會發生。

「奪回你的網域」（Reclaim Your Domain）網站在二〇一七年進行問卷調查，詢問三千名美國人在網路上的體驗，其中四七％說他們經歷過線上騷擾。年齡介於十八到二十九歲的人當中，這個比例飆升到六五％。該調查也發現，在十五歲到二十九歲的女性當中，有四一％在網路上不敢發言，因為她們擔心遭到騷擾。這三千人當中，有二十一人因為成為線上騷擾的受害者，而徹底停用社群媒體。我們應該都同意，這個數字真的太高了。

我有許多客戶表示很害怕在電視上被激怒而跟人大聲吵嘴，或是他們在電視或媒體上的發言遭到斷章取義，令他們難堪。我們常常任憑製作人和編輯宰割。衝擊值、咆哮、極端主義……這些東西能贏得點閱率，你也很不願參與其中。這年頭，我們特別容易被塑造成不可理喻的壞人。這些恐懼非常真實，並非空穴來風，值得重視。

嚇得你不敢開口的其他方式

女性和弱勢族群大聲發言的時候，經常遭遇強烈的騷擾和暴力反應。這是非常真實的恐懼。把女性和弱勢族群嚇得噤聲，這麼做是為了壓抑重要訊息。很不幸的，這種案例非常多。

目前的科技還無法解決線上騷擾的問題。只要人們覺得有能力躲在螢幕後面做出殘酷舉動，而且幾乎不用面對任何後果，他們就會繼續騷擾。我們需要更好的制度來對抗並阻擋這種人。這感覺有點像「打地鼠」遊戲：封鎖了一個，另一個就會冒出來。《紐約客》刊登過一篇文章：

> 皮尤研究中心在九月進行了一項調查，發現四分之一的網路使用者曾匿名留言。使用者的年齡越輕，越不願意用真名留言。在十八歲到二十九歲的年齡層當中，四〇%的人曾經匿名留言。對網路留言最常出現的批評，是留言者的身分和訊息彼此脫離，心理學家約翰．蘇勒把這個現象命名為「網路去抑制效應」（online disinhibition effect）。該理論指出，你如果藏起自己的身分，對自己的行為施加的拘束也會消失。

主流社群媒體公司知道這種問題，但缺乏解決的能力或意願。別害怕在社群媒體上舉報某人，像是在推特上按下「檢舉推文」或封鎖任何騷擾你的人。我有這麼做過，也會在必要時繼續這麼做。如果可以，請保留訊息紀錄，把所有騷擾訊息存在文件夾裡，以防日後需要用到。我很遺憾地告訴你，你可能需要為這種事做好準備。

「你上當了吧」這類情況

我有許多客戶害怕會碰到「你上當了吧」這類情況，尤其在電視上。這種新計謀是這個時代的產物，這年頭有越來越多奇怪的實境秀，我們的專注力也越來越差。我那些客戶害怕任何形式的埋伏或誘導，這可能發生在政治之類較具爭議性的領域，但整體來說，這種事不常發生。如果你試著處理漏油事件，那很可能會碰上這種狀況。但在我處理過的案子裡，這種恐懼大多只是瞎緊張。

害怕氣得與人爭吵，這是很合理的恐懼。許多新聞節目就是用這種方法提高收視率。收視率越高，就能賣出更多廣告時間，節目就能繼續播出，媒體就能生存下去。這套體系就是這樣運作的，它之所以能夠茁壯，靠的就是人們在電視上彼此抨擊，甚至大打出手。

我曾經幫一位客戶拿到上電視的機會。她管理的非營利組織是關於女性的生殖健康，這是很重要又令人關切的議題。我追問相關的電視製作人，要求知道節目那段內容究竟是什麼、她會跟誰一起出現在節目上，結果發現他們打算讓她跟她的死對頭一起上節目、發生衝突，而這在製作人眼裡就是「精采的電視節目」。我立刻取消了讓這位客戶上該節目的機會。這對她和她的組織來說並無幫助，所以我終止了這個機會。我當時很火大，卻並不感到驚訝。

要避免這類問題發生，就是在訪談前先提出幾個疑問，尤其如果訪談是在電視上進行。我們經常任憑製作人和編輯宰割，加上極端主義能換來點閱率，我們很難拒絕參與其中。這意味著你還是應該把握這類機會，但得冷靜地判斷人們在什麼場合、什麼時候需要你的評論，他們什麼時候只是為了收視率而利用你。以這種案例來說，如果你覺得不對勁，就表示事情真的不對勁。

記住，你如果不想回答某個提問，就不需要回答。你可以回覆「無可奉告」「我們討論下一個問題吧」「我們換個話題吧」「我不想答覆」「問得好，但我現在不想回答」，或是「說真的，我得考慮考慮再答覆你」。

你擁有的掌控權比你想像的更多，如果必須拒絕某個提問，發問的媒體人就會換個話題，因為他們需要確保節目精采。你可以面帶微笑地說「我只能回一句『無可奉告』，我也相信你明白為什麼」，或是「我現在不會針對這個問題發言，但以後也許會」，然後就能把話題重新拉回你想討論的話題上。

舉一個公關行銷的情境碰上的大災難為例。這個案例是最糟的情境，但能讓你明白，就算處於充滿爭議的訪談，也可以轉移話題。我想讓你了解，無論某個場合充滿多少爭論，你還是能掌控局面。

假設我是一家科技公司的副董，公司目前因為資料外洩而遇上麻煩，而我要上電視討論對未來科技的預測。訪問者可能會問：「說起來，你們才剛發生嚴重的資料外洩。妳接受這場訪問，是不是只是為了撇清責任？」我會回答：「我來這裡，是討論我們對二〇二一年的科技預測，還有我們多麼在乎資訊界的未來，所以我們還是繼續討論原本的話題吧。」訪問者可能會說：「這個嘛，妳聽起來像是在逃避這個話題。你們最近才洩漏了大量的用戶資料，現在很像在粉飾太平。」我可以這樣回答：「聽著，我剛剛說了，我來這裡是討論我們對二〇二一年的預測，我們希望做些什麼、參與什麼，所以我們還是繼續討論這個話題吧。」對方不太可能第三次嘗試，而就算真的繼續追問，你可以說聲「無可奉告」，對方就會放棄。

你需要接受媒體相關的訓練，並懂得如何隨機應變，但準備好讓你全身而退的句子並不難。你其實一直都能控制談話方向，也能把話題轉移到要談的事情上。假設你真的很想討論你的著作（就拿我這本書當例子），訪問者問你：「你對目前的政治氣候有何看法？如何遊走其中？」你可以這樣答覆：「今年是二〇二一年，我相信所謂的公民義務就是討論自己懂的領域，而這就是我這本書的重點。」

總之，記住你掌控著現場，維持你表達的方式，而且在必要的時候重新引導話題。放輕鬆，別緊張。

別人故意害你丟臉，或讓你顯得不可理喻

跟製作人或訪問者問清楚，他們究竟會用什麼方式、在什麼時候使用你的說詞和語氣。問清楚你能否擁有最終發言權，或是他們會不會提早讓你知道他們要使用什麼題材、是否願意跟你商量。他們應該不會願意這麼做，但問問無妨。你必須熟悉該媒體和頻道以前的節目，尤其如果作者或製作人還是同一人。如果對方就是喜歡偏激的故事或腥羶色的題材，你就必須事先做好功課和心理準備。如果你參加的是《傑瑞．斯布林格秀》這種吵鬧的節目，就別期待《公共電視網新聞時刻》那種高級的水準。超強自誇術的重點是：你如果決定站出來，就可能挨槍；你如果選擇挺身發言，人們就會把你當成標靶；你如果站在舞臺最前面，人們就會批評你、談論你，甚至製造謠言。你對此毫無掌控力。

我個人是不在乎有沒有人說我壞話啦，只要我沒聽到就好。你如果說我壞話，拜託別告訴我！我是很敏感的類型，聽見惡評大概就會記一輩子。人們一定會批評你的為人、你的工作和你的抉擇，你不可能有辦法控制這點，所以連試都不用試。金柏莉．德魯是數位策略師兼藝術評論者，她說得很好：「我每次參加晚宴或哪個場合，一定會有人試著弄清楚我為何出席。有時候，你必須相信你應該出現在某個場合，就是這麼簡單。你的工作是你在做，只有你知道你的缺點。」

露絲·安·哈尼希：其他人的意見關你屁事

露絲·安·哈尼希原本是新聞工作者，後來成為慈善家、投資人，自稱「女權主義的搖滾仙子」，她強調人們一定會對你形成主觀看法。

「我以前當新聞主播的時候，一部分的工作是應付民眾對我的看法，像是我的外表、腦袋、專業能力、服裝、髮型和態度。有些焦點團體的工作，就是讓管理層知道民眾對新聞主播的觀感如何。這種事真的很累人。我哭過幾次，因為觀眾覺得我又醜又胖。我後來學到這個真理：你對我的看法根本不關我的事。大部分的人根本不認識我，他們就算想到我，腦子裡也是先入為主的想法。那個想法完全是他們自己的發明，跟我一點關係也沒有。覺得我在電視上看起來又醜又胖的那些人，在現實生活中看到我的時候總是嚇一跳，因為其實我個頭嬌小，而且還挺可愛的。這是宇宙真理：大部分的人根本不認識你，他們是透過自己的有色眼鏡創造出他們認知的你。唯一重要的，是你知道自己是什麼樣的人。」

負面後果

有人說我「太引人注目」（這種說法似乎只針對女性，也就是說，這是性別歧視）或是太大聲。隨著時日經過，我比較能接受這種批評了，但這類挑戰永遠不會百分之百消失。我們都是人，都希望別人會喜歡我們。我可以花時間擔心其他人對我做何感想，但一定會有人批評我，把時間浪費在這上面毫無意義。

我在塗睫毛膏或吃三明治的時候，已經不知道對自己說過多少次這種批評。我不需要聽別人對我說這種話或說出新的批評。我們對自己最惡劣，我們是自己最殘酷的評論者。要讓你腦袋裡的那個聲音閉嘴，通常比叫網路上的抨擊者閉嘴更難。叫你心中的怪物滾蛋，其實比什麼都難。

就位，準備，起跑！

- ◆找出你的夢魘問題。
- ◆做出答覆。

◆ **練習重新引導話題方向，以便討論你的重點和目標。**

別因為遇上你不想回答的疑問而進退兩難。提前準備好答覆，就能讓談話繼續。

第十三章 如何處理「拋頭露面」的後果？

練習接受讚美與抨擊

你的發言和訊息永遠不可能讓每個人都喜歡，就是這麼簡單，連試都不用試。有時候，獲得正面肯定，並試著對此產生良好感受，其實比應付「仇恨」還困難。人們對你的厭惡是在意料之內，正面評價則是意料之外。我們懂得如何為惡劣評論做好準備，卻沒接受過「接受恭維或稱讚」的相關訓練，而這就是超強自誇術的一部分：尋求肯定、感謝並接受我們值得獲得的注意力。你的成就不但值得被討論，透過自誇所獲得的好處也值得慶祝和肯定。

伊麗莎白・普蘭克：「不可以」是通往「可以」的門

伊麗莎白・普蘭克是電視評論員、演說家、獲獎的新聞工作者，著有《男人的愛：對男子氣概的全新審視》，懂得如何在強烈的懷疑中為自己的理念奮戰。

「我必須學會的一個道理，是『不可以』其實是通往『可以』的一扇門。就因為某人不喜歡你的言論，就因為某人認為你應該換種說法，並不表示你正在做的事是錯的，也不表示你本身是錯的。我還在學習如何區分『我對自己的感受』『我對我的工作有何感受』『其他人如何看待我的工作』，還有『其他人如何解讀我的工作』。

「人們如果要求我閉嘴，我反而更想大聲說話。如果有人對我說某件事不可能成功，我反而視之為挑戰，而不是阻礙。」

惹人生氣也不要緊。我們很害怕惹人生氣，女性尤其如此。堅守立場，自豪地用工作成果來證明你的觀點，這就是堅強和決心。不可能每個人都喜歡你的意見和訊息。別靜音你的熱忱——就算那很有爭議性。你需要為接受抨擊做好準備，只要你做好準備，「惹人生氣」常常是通往改變的契機。

他人的恐懼和不安浮出水面

讓我告訴你一個真相：運用超強自誇術成為公眾焦點，很容易引發他人內心深處的不安。他們的不安跟你沒有關係，卻會讓他們覺得不自在。你付出了許多努力，有資格大聲，而其他人會希望自己也擁有這種力量。他們沒辦法承認他們在嫉妒你，而是選擇了更簡單的辦法：批評你、責罵你，對你惡言相向。這才是他們評論你的真正用意。看到別人做到我們做不到的事，我們常常會感到怨恨和嫉妒。

我最近和一位女士共進晚餐，她告訴我一開始其實受不了我。我當時心想：「我最好把這塊麵包塞進嘴裡，準備承受她接下來的批評。」她說她參加「女性寫出華盛頓」（這是我在華盛頓特區為女性作家舉辦的系列活動）的時候，看到我對該活動、座談會和整個成果多麼自豪，讓她感到不悅，甚至討厭我說話時的自信。我們共進晚餐時，她等了幾小時才告訴我這件事，因為她改變了想法。她很勇敢，願意對我坦承這件事。她告訴我，她當時討厭我，是因為她沒辦法像我那樣自信。聽了我的訊息，跟我談過之後，她意識到，我其實為她樹立了榜樣，讓她覺得她也能一樣自信。那次互動讓我明白很多事，令人感動，雖然有點不高興，但整體來說很美好。

批評很重要，堅守你相信的真理也很重要。佩特．米切爾透過慘痛經驗學到這個教訓。「我在ＰＢＳ電視臺待得很辛苦，因為批評無所不在，來自右派、左派、政府、製作人，還有其他電視臺。」米切爾表示：「我要顧及的人太多，可是每個人的需求都不一樣。但這就是領導力，你必須堅守你相信的真理。」

這個過程確實艱難，而且你很可能會犯錯，像是瀏覽播客評論，發現很多人說他們沒辦法把你說的當一回事，只因為你的嗓音太難聽！（沒錯，我剛剛看了我的播客評論，我雖然感到難過，不過這也表示我的聽眾正在成長吧？）

如果有人批評你，說你「太引人注目」，有幾種辦法做出回應。首先，考慮對方的批評有何根據。這通常有幾種可能：

- 他們做不到你做到的自誇，所以你讓他們覺得不自在。
- 他們以前沒見過你這種行為。面對這種陌生的行為，他們採取的不是接受的態度，而是排斥和批評。
- 他們也試著模仿你，但沒能產生效果而覺得受到威脅，所以寧可打壓你，也不想再次嘗試。

但這些反應都與你無關。他們的用意是，如果批評你，你就會跟他們一樣感到焦慮。這些事實雖然還是讓你覺得很糟，但事實就是事實。

「建設性批評」和「純粹的惡言相向」之間有天壤之別。你必須懂得如何讓你重視的人（而不是你不認識的網路酸民）知道，他們的留言傷了你的心——就算你覺得他們是真心想幫助你。公開發言的時候，人們會對你提出很多批評，而且他們可能覺得這麼做是出於好意。最親近你的人，對你提出的批評可能最嚴厲。我記得某個跟我很熟的人對我說「超強自誇術」是個「很糟的想法」，害得我只想鑽進洞裡等死。結果我出書了啦，哼！

根據我的經驗，最惡毒的評論可能來自女性同胞。當然我不是泛指所有女性，我相信女性能提出更明確的批評，也更能體諒彼此在經驗方面的差異。

別餵食網路酸民

成天匿名留下惡毒評論的網路酸民該如何處理？基本上，你應該對他們視而不見。然而，對他們不予理會，也就是別讓他們的抨擊影響你的情緒，這其實是很困難的。雖然我在這方面擁有十年經驗，卻還是常常上網路酸民的當。

我的建議是，別跟網路酸民攪和！不要回應他們的留言或信件。如果餵食網路酸民，對他們的評論做出回應，你不僅給了他們不配擁有的注意力，也讓他們覺得他們的留言值得獲得回應。你可以設定郵件過濾，讓含有特定關鍵字的信件直接送去垃圾桶，也可以使用「靜音」或「封鎖」來對付這種人。拒絕對某人做出回應，而且透過這種手段來對他們傳達訊息，並沒有任何錯。有時候，最強烈的回應就是不做回應。

身為公眾人物並不表示你欠誰

我們常常會產生一個古怪的想法：覺得自己跟某個知名人士關係密切。不管對方是你喜歡的播客主持人，還是瑪麗亞·凱莉那種大明星，我們常常聽聞這種人的消息，以為自己熟悉他們。但事實是，我們並不認識他們。就因為我看過珍娜·瑪柏這十年來發表的每一部影片，並不表示我真的認識她。我認識的是「某個版本」的她，那是她願意讓民眾看到的版本。

我們和公眾人物相處時，有時候會覺得他們好像欠了我們什麼。我曾見到我崇拜的娜塔莉·波曼，問她能不能跟我合照，她拒絕了，我也因此有好幾年非常討厭她。許多年後，我才意識到她並沒有欠我什麼。

就因為你是公眾人物，並不表示你必須聆聽每個人的意見，或是把你的時間或注意力分給他們。有時候，我們認為公眾人物應該服務我們，我們應該能對他們說出我們的祕密，或建議他們如何自我改善，我們以為他們有必要聆聽我們說話。我們以為，他們既然選擇成為公眾焦點，就應該把時間和精神分給我們，但這絕非事實。如果有人讓你有這種感受，你該轉移他們的評論，並且不再理會。給他們簡短又禮貌的回應，然後繼續過你的日子。

如果你在公眾場合遇到批評或不合理的提問，魯維·阿加伊建議你如此答覆「嘿，老兄，你這個提問很不恰當」「我不想接受你這種意見」，或是「我不公開討論這種話題」。你也可以完全不理會不適當的評論。知名人士都受過訓練，會如此答覆：「嘿，不拍照，不簽名，也不抱抱。」他們可能會願意跟粉絲握手或擊掌，或感謝對方來打招呼。你也可以乾脆說：「我的私生活是我的私事，但感謝你喜歡我的工作成果。」

用什麼方式、在什麼時候認真看待批評

賈．托倫蒂諾（Jia Tolentino）是《紐約客》的作者，著有《絕招鏡》，她坦承：「我很在乎我愛的人們對我的看法。」但她也清楚說明，她只這樣對待一小群人。「我想為自己的行為負責，也想拿出良好表現，但我是為了我認識的人們這麼做，也就是我的朋友、同事和家人。」她在乎的是這些人的意見，她選擇聆聽他們的看法，而其他人對她來說頂多只是雜訊，而且可能是負面的性質。「我覺得網路好像有種能力，讓我們覺得我們欠了陌生人什麼。我覺得這種生活方式很不健康。」我完全同意她的看法。

如果一個人會幫助你成長，或是你真心在乎對方，那他們提出的看法和意見才重要。你必須專注在自己是誰，還有你想聆聽誰的意見，例如你信任的一群人，他們會確保你走在正途上，而且他們在乎你。我知道哪些朋友會給我真誠的建議，哪些朋友無論如何都會支持我；我也懂得什麼時候尋求幫助和指引。擁有一群支持你的人，以及他們提供的意見，就能排除對你並無幫助的評論，不過這沒辦法一天就學會，而是需要反覆

試驗。我習慣向某個朋友尋求精神上的支持，但她是很務實的類型。我希望她對我說一切都會順利，而不是我該怎麼做，但這是我的錯，因為她就是這種個性。

然而，有些人不是你的朋友，但他們提出的專業意見和批評也很重要。你在評估來自外界的意見時，先要考慮來源。

說出這個意見的人，是否擁有你缺乏但想要的經驗？如果是，那你是否應該考慮他們的觀點？如果是，那就接受他們的意見，感謝他們，並且自我改善。就因為某人比你年長，並不表示你非得接受他們的批評不可。你必須判斷，這個人的批評是否適用於你的職涯，然後判斷如何應用在你的生活中。

如果某個批評來自以下源頭，你就該認真看待：

- 來自你信賴的人，而且不只一人。
- 來自你非常尊敬而且欣賞的人。
- 說出這個意見的人，擁有你想追隨的職涯。
- 它是以具有建設性而且體貼的方式包裝。

別理會以下這類批評：

- 來自網路酸民，不是你在乎的人。

- 看得出來對方對你並無好意。
- 信賴的人們勸你別理會這個批評。

「完美」很無聊

沒人想盯著機器人看，也沒人想天天看到完美的事物。然而，一般人為了保護自己，常常會想變得完美。超強自誇術的策略之一，就是如何在公眾面前保護好你自己。

你不需要成為完美的人，也能有效自誇。站在公眾面前，就是把真實的自我擺在眾人面前。懂得如何恰當地揭露自己的脆弱面，影響的人數會遠比你想像的更多。懂得判斷揭露哪部分的自我，需要時間和謹慎考慮。你不需要時刻都表現得正面，這不是真實的人生。至少對我來說，揭露自己的脆弱面，經常能讓我獲得最大的支持。不管是在朋友還是專業團隊當中，自曝脆弱面不僅不會顯得軟弱，反而讓你顯得堅強。

「完美」之所以無趣，是因為如果人們都同意你的看法，這種談話就毫無建設性。完美不是光榮的動章，反而表示你在某件事上做錯了。

我常常想起以前很喜歡的某個Instagram網紅，她原本喜歡討論藝術和文化，而且有很強烈的個人意見。但隨著她越來越出名，她傾向刊登不得罪任何人的安全內容，也越來越少表達意見。她的粉絲成長率趨緩，我也不再追蹤她。她試著保持中立、討好每個人，反而讓我覺得她與我無關。

你在自誇之路上一定會犯錯，但這就是學習的過程。你可能會犯的錯如下：

- 和網路酸民或某個讓你覺得惱火的人發生爭論，結果為此後悔。
- 在錯誤的地點自誇，結果很不順利。
- 認真看待某個批評，就算它來自不值得信賴的人。

自誇的災難

有時候，自誇反而會帶來反效果。意思就是，你可能誤判了你的受眾，在不該開口的時候開口或是說錯話。這雖然很糟，但你必須從錯誤中學到教訓。放心吧，這類錯誤我每個都犯過。

自誇時打壓別人

有時候你會誤判現場，就像我曾在一場大型演說上表現得像個討人厭的博學家。請確保自誇不是建立在對別人的打壓上，而這種練習通常需要反覆試驗和犯錯。你可能會出錯幾次、得罪一些人，或把自己搞得很難堪，但這些經驗都會讓你學會適合自誇的時間和地點。

對錯誤的受眾自誇

有時候，問題不是時間和地點。也許你出席一場會議，重點不是個人成就，而是團隊成就。也許你疏於察言觀色，不知道這場會議的重點並非慶祝成果，而是討論策略。

用錯誤的字句自誇

你不僅必須明白受眾是誰，也必須知道他們使用什麼樣的語言。一開始就猛烈地宣傳你的自我統計數字，並不是最佳的自誇方式。請判斷他們使用什麼樣的語言，並且調整你的語言。

犯錯也沒關係，你本來就還在成長學習的階段。如果情況許可，就向聽者道歉。一般來說，從聽者的意見、眼神或表情來判斷，就能知道你的自誇是不是失敗了。如果碰上這種事，我會接受錯誤，做出必要的改善，要求自己從這次經驗中學到教訓。

來慶祝吧

自誇之旅並非滿是愁雲慘霧。設定期望雖然重要，但對工作感到自豪也很重要。只要決定讓你的有效自誇充滿效果，它就會充滿效果。你已經實際在人前自誇，接下來就是學習如何接受稱讚和正面意見，甚至把這些反應拿來誇耀。

以下是為自己慶祝的幾種方式：

- 邀請朋友共進晚餐，或是進行有趣的活動。我有次舉行了一場「成功出書」的派對，和朋友在我家屋頂上享用我買的蛋糕。我選的是很時髦的蛋糕，而且味道很好，我還舔了蛋糕的盒子。
- 寫信讓你的親友知道你有何成果、你為此自豪（把他們的回信存起來，留待日後回味）。
- 給自己一些平時沒有的享受，像是去按摩或抽空在白天去看場電影。我獲得重大成果的時候，最喜歡在下午去看場電影，而且關掉手機。這麼做能讓人感到平靜又暢快。
- 跟同事在酒館的減價時段齊聚一堂，慶祝你的勝利。你的勝利未必總是只屬於你一人，和同事一起慶祝會很愉快。我有次跟某個自行創業的朋友一同贏得了大案子，我們慶祝的方式是享用瑪格麗特雞尾酒。

讓人們聽見你的聲音是很辛苦的，所以如果成功了，就該為自己的成果感到驕傲。這也是超強自誇術的一部分：為自誇付出努力，如果做得好，別忘了鼓勵自己。先前提過，很多人覺得不值得花時間進行或關注這種自我鼓勵。請花點時間明白你取得了多少成果。

金柏莉・德魯：把「為自己慶祝」當成習慣

金柏莉・德魯是社群媒體策略師、藝術史學者兼藝評家，她習慣為自己慶祝。

「我有制訂所謂的『軟目標』，這是我為自己訂下的關於『自我改進』的小小承諾。如果我達成了，就會稍微休息一下，思索這一刻的成功。有些東西就是值得讓你抱在懷裡、大肆慶祝一番。多小的成就都行。重點是，你必須養成為自己慶祝的習慣。我希望人們能明白我們達成了什麼，並且為此感到驕傲。」

不管你是剛踏上還是已經走在自誇之路上，自我慶祝的方式會隨著時日而演進。諷刺的是，你也必須**花時間對自己自誇，有時候這比在別人面前自誇更重要**。我們總是想改善自己和工作成果，但這也會妨礙我們對自身成就感到喜悅。

接受稱讚和恭維

我永遠記得，喜劇演員艾米．舒默（Amy Schumer）在《艾米．舒默的內心世界》節目中曾描述一群女性朋友彼此恭維。

這群女生互相讚美，接受讚美的人卻立刻自我貶低。輪到艾米的時候，她決定大方接受恭維，反而令她的朋友大感震驚。她用誇張、搞笑但真實的方式指出一點：我們很難接受稱讚和恭維。女性，或是被教導應該「過度謙虛」的任何人，都有這個毛病。換言之，社會教我們「別自誇」。

但你其實可以大方接受稱讚（至少盡量大方）。接受人們的恭維，如果你對自己並沒有那種好評，就可能會覺得尷尬又彆扭。這個社會沒教我們自誇，也沒教我們（尤其是女性）應該覺得自己的成就值得被注意，這實在令人沮喪。你既然已經讀到了這裡，應該知道我對「站在陽光底下」（這是珊達．萊梅斯發明的詞彙）及接受稱讚做何感想，但這並不表示接受稱讚很容易，就連我也覺得很困難。

我在為了本書而跟人合作時，沒辦法接受他們（甚至我自己）給我的稱讚。「寫書」

是我向來知道想做的事之一。作家的終極目標就是看到自己的稿子成為書架上的一本書。我成功邁向了目標，卻沒為此慶祝，而是低著頭拚命寫作，滿腦子只有截稿日和擔憂。

每次有人為這本書恭維我的時候，我都不當一回事，不接受他們的好評。我不知道如何接受他們的讚美。我要麼充耳不聞，要麼就是閃躲，但我這麼做，不就違背了我想透過這本書傳達的訊息？我取得了重大成就，卻把獲得的好評全都掃到一邊。我達成了我想要的成就，讚美隨之而來，我卻沒辦法接受。

我把人們的好評掃到一邊，是因為覺得自己配不上這些稱讚。當時我必須改變自己這種心態。我花了很長一段時間練習，才開始覺得自己的成就是有價值的。很顯然，我需要接受自己的建議。我當時沒有為超強自誇術的一個重要環節做好準備：**接受你辛苦追求的讚美**。

如果你努力工作，好不容易獲得肯定，卻拒絕接受，那你的付出還有什麼意義？我注意到我犯了這種錯，後來也成功逼自己改變了想法，卻還是造成了一些損害。夥伴們當時想因為我獲得的重大成就而為我慶祝，我卻不允許他們這麼做。這種態度不僅令他們困惑，也可能阻止了他們提供我更多拓展職涯的機會。

讓人們慶祝你的成就，會讓你覺得愉快，提高你的知名度，也能讓周圍的人們感到喜悅。

你在自誇的時候，請允許自己感到愉快，並享用收穫的果實。在學習自誇的過程中，請務必明白這個道理。我們花很多時間追尋想要的東西，做一些我們也許不覺得舒服的事。請稍微休息一下，去體驗良好的感受，然後邁向下一個目標，這需要時間和技巧。你第一次選擇自誇的那一刻，無論什麼形式，就是勝利。把它寫下來，列出值得慶祝的自誇。

就位，準備，起跑！

- 隨時記錄你的自誇，無論大小。
- 每次達成了某種自誇成就，請做些你覺得愉快的事。
  每次慶祝的方式都一樣也行，像是跳舞、吃點心或你喜愛的其他活動。
- 獲得重大勝利時，通知親友幫你慶祝。
- 找個「自誇夥伴」。

他們知道你有多麼不擅長接受稱讚，也會在你表現良好時提醒你接受讚美。

◆ **找個人讓你練習接受恭維。**

第十四章 如何協助他人有效自誇？

提高自己的聲量，也讓別人被聽見

有個人為我進行了有效自誇，本書才得以問世。這不僅讓我明白時機和地點的重要，也了解有人為我自誇是多麼不可思議的恩惠。

我從二〇一三年開始斷斷續續地寫這本書，當時就決定要寫關於「自誇」這個題材，也知道我希望這本書能展示「自我推銷」的力量。我努力說服人們聆聽這個概念，但很難取得突破。

後來我在最喜歡的一群聽眾面前做了演說：聯合國基金會的女權領導力高峰會。來自全國和世界各地的傑出年輕女士在此齊聚一堂，討論各種議題，像是自我賦能和教育。凱特·沙茨（Kate Schatz）是暢銷作家，著有許多關於「歷史上的女性」的書籍，她在演說結束後決定來觀摩我的「超強自誇術」演講。我記得當時看到她坐在聽眾席裡，不過我在那之前沒見過她，加上大部分的聽眾都是高中生或大學生，所以我以為她是哪個年輕聽眾的母親，或是大會主辦單位的人員。事實證明，那對我來說是無比幸運的一刻。我當時置身於正確的時間點和地點，但凱特決定為我強力推銷。

演說結束後，凱特來到我面前，問我有沒有想過把「超強自誇術」寫成書。我當然有想過。她說服我把草稿寄給她看，但我很害怕這麼做，因為我曾多次被出版社拒絕。我跟摯友討論了這件事，她力勸我把草稿寄給凱特，還對我說「試試又不會怎樣」（這也是別人為我進行自誇的案例）。所以我把本書的草稿寄給了凱特，她決定把我引薦給她的編輯。她這麼做，純粹因為她是個好人，她想幫助我傳揚我的重要訊息。後來，凱特的編輯把我介紹給我的經紀人；在他的協助下，本書得以出版，出現在你手上。凱特對我的訊息充滿信心，所以決定為我自誇，她是我的大恩人，我永遠不會忘記這分恩情。我很感激，也決心將這分恩情延續到其他人身上。

超強自誇術不只攸關你一個人，也攸關你如何協助其他人獲得聆聽。沒人能靠單打獨鬥贏得勝利，你也需要其他人幫忙傳播你的訊息。你需要跟人們分享訊息，也需要提升旁人的音量。本書的核心信念之一，是如何提高你的音量，連帶提高其他人的音量，讓大家都成為贏家。

合格沉默者比較願意幫別人自誇，而你如果為另一個人自誇，就能練習你可能已經擁有的某種技能。一項稱作「自我推銷差異」的問卷調查指出，在幾家由女性創辦的公司裡，八〇%的男性和八四%的女性表示，他們在討論別人的成就時「還算」或「非常」自在。該調查也發現，人們只有在親友面前，才能以這種自在的態度討論自身成就。只有四〇%的受訪者，覺得能自在地在陌生人、社群媒體或群眾面前討論自身成就。我們都很樂意吹捧其他人。

舞臺上的空間大得很

超強自誇術的一項重點，是明白**這個世界容得下對每個人的肯定**。你並不是在跟其他人競爭，而是在和你自己競爭，讓最優秀、最真實的你面對每天的工作。我們常有一種迷思，就是我們（尤其是女性）必須爭取為數不多的機會，但這並非事實。媒體、大會、宣傳和工作相關的機會多得是。如果一場大會已經找到了演說者，你可以爭取明年的機會；如果你想爭取的案子已經被別人捷足先登，新的機會也遲早會出現。

嫉妒毫無意義

嫉妒是超強自誇術的宿敵，也向來是我個人的弱點。嫉妒會妨礙你發展出自己的構想，讓你無法對自己的成就感到驕傲，也讓你難以自由自在地思考。我們在嫉妒時浪費太多腦力，而這些腦力其實可以用於更健康的思考。我也見過嫉妒心態如何傷害人們的職涯。人們把太多時間浪費在嫉妒上，反而看不見自己擁有多大的成就。我們在這個時代很容易嫉妒他人，Instagram上總是充滿光鮮亮麗的相片和完美的表象。

我們為自己的生活套上了濾鏡，好讓它看起來更吸引人，但我們其實需要公開地討論人生裡比較「不美麗」的部分。人生很凌亂，並非每一刻都美，但這就是人生為什麼有意思的原因。嫉妒是非常難處理的情緒，而不論我們有什麼樣的人生和職涯，都必須面對這種情緒。《哈佛商業評論》的一篇文章指出：「無論經濟景氣是好是壞，無論你處於哪個位階，都可能出現嫉妒心態。如果面臨經濟危機，嫉妒心態就會變得更強烈。公司虧損得越嚴重，員工就會擔心飯碗不保，而開始怨恨較成功的同事。」

這年頭想當專業人士，既嚇人又困難，尤其因為現在的經濟開始向自由業轉移，自由工作者必須面對昂貴的健保費用，還有極其沉重的生活開銷，也因此更容易陷入嫉妒心態。一項長期研究觀察了在澳洲的一萬八千名成年人，發現了一些關於嫉妒心態的有趣結果：「年輕人尤其容易陷入嫉妒心態。而隨著年齡增加，嫉妒心態也會逐漸降低。」該研究也發現：「沒有證據顯示嫉妒心態是有用處的動機。嫉妒心態越是強烈，當事人的心理健康度的成長就會變得更慢。嫉妒心態也無法預測當事人日後的經濟成就。」

意思就是，嫉妒心態只會傷害你。這些統計數字提醒我們：盡量減少嫉妒心態在生活中的分量。

閃耀理論

請移除自我懷疑，也別再對其他人產生負面心態，雖然這需要時間、練習，以及懂得如何劃清界線。你開始進行有效自誇的時候，周圍的人們也會開始這麼做。你的行動會激勵人們審視自我，找出自己的特殊訊息，如此一來，他們也會懂得自豪、大聲點，還有運用策略。你這麼做是以身作則，而不是把人們甩在身後。

阿米納圖．索烏（Aminatou Sow）和安．弗里德曼（Ann Friedman）是摯友，共同主持播客節目，合著了《大友誼》一書。這兩位女士多年來發展並強調一個觀念：高漲的潮水能讓所有船隻上升。她倆花了好幾年發展出「閃耀理論」（Shine Theory）。我們已經討論過為朋友自誇的力量，索烏和弗里德曼則詳盡地解釋了閃耀理論。

> 閃耀理論是個長期投資，是幫助人們拿出最好的一面，而且日後能仰賴他們的幫助。這個決定意味著你全心投入這份友誼，而且不讓「不安全感」或「嫉妒心態」破壞。閃耀理論的意思是，你必須自問：「我倆成為合作夥伴，是不是好過成為競爭對手？」而答案幾乎總是「沒錯」。

人們看見你有什麼樣的夥伴，就知道你是什麼樣的人。閃耀理論是明白「真正的自信具有感染力」，如果某人試著傷害你或把你當成競爭對手，通常是因為他們缺乏自信，或他們總是單打獨鬥。閃耀理論是指，你的朋友都過得很好的時候，你由衷為他們感到開心和興奮；如果他們過得不好，你就會提供他們需要的支持。

我最好的朋友就是最支持我的人，我也最支持她，而這就是閃耀理論的範例。她的工作比我的更屬於幕後，而且她無論工作多辛苦，也一定會出席我的演講。她不久前在一場座談會上發表演說，這是很大的成就，她很少碰上這類需要面對聽眾的工作。我當然參加了那場座談，而且興奮得就像在臉上抹了球隊顏色的橄欖球迷，只差沒在現場搖旗吶喊。我刻意提早抵達會場，而且坐在最前排。我拍了很多照片，拿她的名牌來逗她，還強迫她在講臺旁邊擺姿勢。我真的很高興她的演說如此順利，而且我能在場為她慶祝。後來，我當然有逼她拿這件事出來自誇。

弗里德曼和索烏在合作或獨立創作時，都會實行她們發展出來的這套理論。「我們由衷熱愛並尊重彼此的工作、經驗和觀點，也為這個合作關係深感興奮。話雖如此，我們是獨立的個體，擁有不同的特質和技能。我們試著坦然且定期地討論，我們的合作項目如何符合整體的職涯發展，因為我們都擁有各自的目標。」她倆雖然共享一個舞臺，卻都明白對方的獨特想法，並幫助對方提高發言的音量。「在播客節目上，我們的發言彼此獨立。我們談話，雖然經常同意彼此的看法，但這個節目的重點是，我們會把各自的不同觀點帶進這場對話。所以，我們不希望各自的看法混在一起！」她們充分溝通，而且把友誼擺在第一位，來維持這個平衡。

閃耀理論也適用於摯友圈以外的人。有位女士經常出席我的活動，她在我的人際網路中處於比較外圍的位置，我跟她雖然不算很熟，但看她這麼熱忱地支持我的工作，我深受感動。後來，她計畫和一家大型科技公司合辦活動，她雖然沒明說，但我看得出來這件事對她來說很重要，所以我便報名參加了。看到我走進會場時，她既震驚又欣喜，而我因為認識主辦單位其中幾個成員，也因此樂意幫她美言幾句。我向雇用她的人稱讚她，並協助她判斷如何推銷她那晚談到的內容。我知道這件事對她而言意義重大，也覺得我有責任幫助她變得更加「閃耀」。

大家一起閃耀，也意味著在你身邊建立了一支堅強的部落。克麗歐‧金（Cleo Kim）是高級主管，她面對職場壓力的辦法，是和想法相似及總是支持她的一群人建立強韌的網路。她表示：「你在身邊建立的部落——由不同的個體、顧問、照料者，還有你關愛的人們所建立的這個多元化網路——非常重要，因為他們會在你跌倒時扶你起來，在你冒險時支持你。」你不需要獨自承受一切，什麼都靠自己的人走不了多遠。她指出：「我知道建立這支部落非常重要，因為世事難料。有了這支部落，我就不會覺得孤單，不會覺得我需要獨自承受一切。」

基亞·布朗：去尋找一些人生經驗不同於你的人

基亞·布朗（Keah Brown）是作家兼身障者權利活動家，創造了「#身障但可愛」這個主題標籤，著有《漂亮女孩：論人生、流行文化、身障，還有其他愛上我的理由》。

「找到關於社會平權的發言力量需要時間。你必須投入某個場合，積極地為身障者爭取權益，而且不用擔心之後是否必須為此道歉。對我來說，這絕對需要努力和機會，而且我們必須去尋找在交友圈之外、人生經驗跟我們不一樣的人。」

二〇一四年，挪威進行了一項針對白領階級的研究，發現「如果高層職位有更多女性，低層職位的性別差異就會減少」。換言之，位於食物鏈高位的女性能幫助地位較低的女性。

幫助某人獲得知名度，並不會降低你的知名度。如果你獲得影響力，這將幫助你周圍的人，而不是傷害他們。況且，如果你在職場上有朋友，對你是有益的。蓋洛普機構曾進行調查，發現如果工作場合有朋友，尤其如果你是女性，就更可能享有更高的工作滿意度和生產力。「我們的研究發現，如果在工作場合有摯友，工作時就可能更努力。例如，受訪的女性表示如果在工作場合有摯友，她努力工作的可能性將會比沒有這種朋友的女性高一倍（63％ vs. 29％）。」蓋洛普機構也發現，如果員工之間享有友誼，這家公司的事故案例會比較少，獲利比較高，也擁有更多忠實顧客。

金柏莉・德魯的自誇分析：用你的聲音來提升他人的知名度

金柏莉・德魯創立了大受歡迎的Tumblr部落格「黑人當代藝術」，她發現了黑人藝術家的力量，也改變了她的工作和職涯。她使用的網路平臺持續成長，她利用這些平臺向藝術界展示黑人藝術家的重要性，並致力於運用自身能力來幫助他人獲得知名度。

先學習

「我在研究黑人藝術家、聽聞一些以前從沒聽過的名字的時候，感到茅塞頓開，我立刻心想『我也必須做類似的事』，並且開始致力於學習。起初我只知道五位黑人藝術家，後來知道了五千個，而這成了我的職涯。」

選擇樂觀態度

「恐懼會讓我們覺得『這個領域容不下我，容不下我這種模樣的人』，就算我們根本還沒達成目標。那麼，我們要怎樣對這個領域的可能性抱持更多想像力？我向你發誓，我們唯一擁有的就是『樂觀態度』。如果我是以悲觀態度面對職涯和人生，那我向你保證，我不可能努力到現在。別用陰鬱心態看待人生，因為這麼做對你毫無幫助。」

你該害怕自己，而不是害怕制度或慣例

「我最害怕的是我自己，而不是任何制度或慣例。我害怕的是讓自己失望。我不會對自己感到羞愧。我不能讓自己後悔，像是『我當初應該說出那句話』。我有時候回到家，確實會想『沒錯，妳今天真的太寡言』，然後會一直想著因為太寡言而會碰上哪些後果。大聲說話也許困難，但我只知道我實在不想在回到家時對自己感到失望。」

為他人自誇的諸多好處

為他人進行超強自誇，也能為你帶來真正的喜悅，至少我就是這樣。

我曾協助某個媒體組織，幫他們在一場西岸舉辦的活動找到多元又有趣的發言者。我想到我認識的一些人，他們為社會平權、有色人種和LGBTQ+社群而努力，並確保這些族群的聲音獲得聆聽。我不適合這場演講活動，因為我是白人女性，我在「多元性」這方面的經驗太少，沒辦法做出多少貢獻。所以，我決定借助別人的力量。我選了兩個摯友，他們後來都站上該活動的講臺，做出精采的演說，分享了他們的想法和時間，同時也提高了他們自己的音量和知名度。

其中一個朋友因此獲得了很大的生意機會，他因為參加這場座談而得以展示他的意見。我為他們感到驕傲，因為他們獲得了應得的肯定。另一個朋友為這個媒體組織提供了寶貴建議（他是個年紀挺大的白人男性），甚至鼓勵了該活動的主辦單位把眼光放得更遠。這對這場大會來說是非常棒的禮物。

我很在乎這兩位朋友的工作，我很慶幸能看到他們有精采的表現，也很高興能把麥克風遞出去，把我關愛的人們推銷出去，且看到他們贏得勝利。如果你是人們願意聆聽的對象，就該把機會分享出去。

魯維·阿加伊知道把機會分享出去，就能讓我們聽見以前沒聽過的聲音。她解釋：「如果我們拿著麥克風，就擁有力量，而我們的職責就是改變現況。我們也必須把麥克風遞給平時沒有發言權的人，這個恩惠能傳遞給無數人。」阿加伊鼓勵大企業邀請實習生出席會議。她認為自己的一部分工作，是「對掌權者提出挑戰，要求他們把自己的權力運用得更好、更成功」。

我希望你願意付出額外的努力，確保你在每個領域提升人們的發言權，甚至是你不認識的人。奧博蒂·諾格拉創辦並主持《推銷大改造》這個播客節目，該節目是關於創業、推銷、投資，以及鼓勵更多人發言，意思就是，「這場早餐會議是在哪舉行？廚師或餐廳老闆是女性、跨性別，還是有色人種？找出答案是不是需要多花一些心力？的確需要。」但她說這從長期來看是值得的。奧博蒂·諾格拉認為：「社會平權是我們每天都要做的事。」這是每個人都練得出來的肌肉。

金柏莉·德魯：謙卑最偉大

金柏莉·德魯是作家兼藝術評論者，她認為謙卑是必要的。

「在我的領域裡，『傑出表現只是基本』，而專業的黑人女性就是被如此要求。

有時候，我們唯一的選擇就是拿出傑出表現。
「有些人會問我：『我是白人，我可以做些什麼？』你能做的第一件事，就是明白你也許什麼都做不了。我認為抱持著謙卑態度總是有幫助，而且別以為你因為有特權就擁有更多力量，因為謙卑才是最偉大的。」

獲得恩惠的感覺真的很棒

有些知名人士曾推銷過我，就算他們沒必要這麼做，而這給我的人生帶來了極大的改變。無論是商務網路的某個知名女士，還是我欽佩的某人，他們跟人們分享我的工作成果時，都讓我感到不可思議。令我至今難忘的是，珊達．萊梅斯（Shonda Rhimes，沒錯，就是《實習醫生》的編劇與執行製作人！）曾在推特上介紹我寫的文章。有個朋友傳了截圖給我看，我第一次看到那條推文的時候，以為是假的。我立刻打開推特查看萊梅斯的推文，發現這是真的。我的天啊！我在當時超狹小的辦公室裡興奮得尖叫，放下手邊的事，稍微跳了舞，然後跟我認識的每個人說了這件事。被人誇讚的感覺真好。請為此慶祝，也誇讚你周圍的人們。

慶祝親友的成就，也能讓你們的關係更為密切。慶祝社群成員的成就，是你身為良好公民的表現。

如何為同事和同輩自誇？

二〇一四年的一項研究發現：「工作場合越是充滿關愛，員工就更可能感到滿意，團隊精神也越高，員工也比較不會翹班或在情緒上感到疲憊。」

如果問同事你能如何為他們宣傳，他們會很感激你，你們的默契也能獲得提升。

你的同事需要什麼？

你有很多方式能為同事自誇和宣傳。第一步，就是直接開口問他們需要什麼。我之前說過，每個人在自誇方面的進展都不一樣，有些人想比其他人更受到矚目。你要做的第一件事，就是問同事你能如何宣傳他們的工作，讓他們感到獲得肯定，並且幫助他們獲勝。

他們給你的答覆會讓你出乎意料，而你這麼做其實就是履行了超強自誇術的一項重要原則：遞出麥克風，成為別人的擁護者。有些人只是希望被聆聽，意思就是，你要做的不是強化他們的自誇，而是傾聽他們的評論，而且讓他們覺得自己很重要。你這樣詢問他們，也能讓他們感到窩心，因為你顯然在乎他們。和強力自誇相比，光是聆聽他們的發言，也能發揮很大的幫助。

在會議上支持你的同事

你可以採取一些策略，來提高同事的發言分量。如果你欣賞的某個同事在會議上發表看法，而你附和這個看法，該同事在決策者眼裡的地位就會提高。你如果重複別人說出的字句和想法，就能讓這些文字充滿影響力。一九七七年的科學研究發現，如果一再重複某個謊話，受試者就更可能把它當成事實。同樣的，你也可以把這個原理用於正途。如果人們從許多來源多次聽見你同事的真實成就，就更可能覺得這是事實。

你也可以在會議上擔任某人的策略盟友。如果和某個同事組成團隊，你們倆的發言分量都能獲得提升。我多次和夥伴一同出席會議，用巧妙的提問一搭一唱。我會準備好一個主題言論，用來襯托出夥伴的能力。在進行大型會議或演講之前，請找個夥伴來和你一起超強自誇。

你也可以直接跟老闆講清楚，說你認為某個同事是珍貴資產。這麼做之前，必須先問過同事的意見，但如果想加薪、想在年度評估上加分或獲得其他好評，來自其他人的稱讚會有很大的功效。去問問某個同事，你能不能幫他們在老闆面前美言幾句。你和老闆談話的時候，讓對方明白公司裡的某個人是珍貴資產。

我曾經為一個大規模的客戶計畫案這麼做。我當時想雇用某個搭檔，我知道那位女士很聰明，很適合這項計畫。但我必須先說服客戶，而他一開始並不了解我想雇用的那位女士多麼有價值。所以，我和那位女士制訂了一個小小策略，並試著讓她和客戶有所接觸。我找出了他倆的共同嗜好，私下跟他們談了這件事，並轉達雙方對彼此的好評。後來，我向那位女士透露了一點內部情報，告訴她該客戶希望看到什麼樣的資訊，並指導她如何發表意見、展示工作成果，還有應該提出多高的價碼。事情進行得很順利，她和客戶之間形成了默契。他們花了兩小時討論電影，客戶甚至因此延後前往下一場會議，而那位女士也得到了工作。在工作場合當個「媒人」是很有趣的事，能看到大家都成為贏家。我提到的這個案例也獲得了傑出的成果。

幫助晚輩

這項策略不只能幫助你的同輩，也能幫助你的晚輩或前輩。你的晚輩會希望你樹立榜樣，也希望你幫幫比你晚進公司的人。這也是超強自誇術的原則之一。

曾有位非常資深的女企業家把我推銷給一家知名出版社，令我永生難忘。我原以為我不可能有機會和該出版社合作，那位女士也沒理由推銷我，而她那麼做純粹是因為她相信我、希望我成功。這件事提升了我的自信，給了我自我推銷的力量，該出版社也接受並出版了我的文章。如果沒有那位女士的推銷，我很多早期的文章就無法出版。

誇讚你的同事，無論他們是你的晚輩或前輩，這會鼓勵他們誇讚你，他們會感到自信，並同樣幫助別人。那位資深女企業家幫過我，我就有責任去幫助其他人。為別人自誇，很可能影響對方整個職涯的發展。分享功勞，並肯定別人的功勞，而如果某個晚輩協助你在工作上贏得勝利，請大聲宣揚對方的功勞。如果你的老闆想提拔誰，或把一項重要的案子交給誰，請向老闆推薦你認為有能力的同事或部下。

團結就是力量

我訓練過一位女士，她原本不敢在會議上開口，於是我叫她找個夥伴，讓對方知道她很害羞、她知道在會議上發言有多重要，而且她需要幫助，例如該夥伴可以在會議上對她提出疑問或單純對她的發言表示贊同，這兩種行為都能帶來極大的幫助。許多研究證實了以上這些觀察。同事如果附和你的看法，尤其如果你是女性，其他人就會更願意聆聽你的想法。

在歐巴馬時期的白宮，經常看見女性這樣彼此支援。

歐巴馬總統執政時，他的高層助手有三分之二都是男性。女性提出的抱怨是，她們很難擠進重要的會議，就算能出席，她們的發言也經常被忽視。女性職員因此採取了稱作「放大」的策略：某個女子提出關鍵意見時，其他女性成員會重複這個訊息，並為她邀功。這能強迫在場的男性明白該女子的貢獻，也避免他們搶走這分功勞。女性助手們表示，歐巴馬開始注意到她們的發言，而且更常詢問女性和低階助手的意見。

你也可以採取相反的順序。

我曾經很想爭取一筆生意，想跟某位朋友在這件事上合作，她是企業家，而且我很欣賞她。我們一起制訂了策略，開了幾次會，討論如何進行商務拓展，如何運用彼此的強項。我們寫了臺詞，擬定了向潛在客戶和彼此提出的疑問，讓我們顯得能力十足且適合這份工作。我們也列出一些關鍵的「贊同」和「不贊同」論點，這都是為了爭取這筆生意所制訂的策略。我和她不是相互競爭，而是放大彼此的發言，因團結而更有力量。那些練習充滿樂趣，我們也在潛在客戶面前做出了精采互動，贏得了合約。

潔西卡・班尼特的自誇分析：找個「自誇潑婦」

潔西卡・班尼特（Jessica Bennett）是《紐約時報》作家，著有《女權鬥陣俱樂部》，她認為自己的職涯能獲得成長，就是因為她有尋求盟友。班尼特把這種「自誇夥伴」稱作「自誇潑婦」，而且教我們如何找到這種盟友。

你為什麼需要找個自誇潑婦？

「我把這種人稱作『自誇潑婦』，她為你自誇，你為她自誇。研究發現，你如果誇讚別人，就會顯得無私又善良，像個好同事、好隊友。而你誇讚的那人，能在工作上獲得應得的功勞。

「我誠實說出了我面對的一些困難，我在會議上推銷想法時會很緊張，覺得沒人想聽我說話，也擔心我的想法會變成別人的功勞。我的自誇潑婦是個朋友，也是位盟友。」

專心聆聽

「有些學者進行過相關研究。如果一個人在會議上提出某個想法，而聽眾有男有女，他們在日後回想起這件事，大多會認定提出那個想法的是男性。你如果對這個問題不夠敏感，或是不知道這是制度上的問題，就不會察覺到這種問題的存在。誰在說話時比較容易被打斷？誰占據較多的發言時間？我的老闆有沒有記錯是誰提出某個想法？如果提出該想法的人不是我，我能不能做些什麼，以確保老闆知道提出該想法的人究竟是誰？」

我的「自誇哥們」

「我剛進《新聞週刊》當記者的時候，跟一位男同事做了這個約定：開會時，我們會對彼此推銷的想法拚命點頭贊同。這麼做的用意是，讓會議室的其他人明白我們提出的是好主意。我當時尤其覺得人們不太想聽我的意見。那個同事湊巧是個很受尊敬的白人男性。我當時必須那麼做嗎？我是不是非得跟他合作不可？不是。但那麼做有沒有效？有效。」

互相誇讚

「這是解決一個常見問題的最簡單辦法。也許不是每次都有效，但你沒有理由不去試試。你並不需要直接問人家『妳願不願意當我的自誇潑婦？』，但你可以為對方自誇。」

為其他人自誇，能為你的人生帶來許多樂趣。這麼做能幫助別人，對方也能學會如何站到聚光燈底下。「分享」未必容易，尤其在辦公室，卻能讓大家都成為贏家。

懂得何時後退

「為別人自誇」也有可能做過頭。我明白這個道理，是因為我曾經說了不該說的話。有次和某個令我引以為傲的朋友出席一場活動，我注意到她和一個同行說話，看起來很順利。我其實不該去打擾她，卻還是插入了這場談話。我開始對她談話的對象大力誇獎她，她暗暗對我投來驚慌的眼神。我以為她只是在害羞，沒看懂她的肢體語言暗示。她拚命試著要我閉嘴（只差沒踹我一腳），但我還是繼續誇讚她，忙著讓她出鋒頭。

後來才得知，她談話的對象跟她的工作有著很複雜的關係；那人早就認識她，結果我把事情搞得很混亂，我在無意間讓氣氛更為緊繃，給那個朋友幫了倒忙。我忽視了她給我的信號，疏於聆聽。我表現得像個混球，我也確實覺得自己像個混球。

我的超強自誇術一直在進化，我還在努力學習，如何在誇讚他人時更懂得聆聽。雖然超強自誇的原則之一，是幫忙提升我們的朋友和同事的地位，但我們也必須明白，他們在那個時刻究竟需要我們怎麼做。

自誇會引來自誇

超強自誇術的優點之一，是讓合格沉默者明白：為自己感到驕傲，而且用言語表達這點，是很酷的一件事。你這麼做的時候，是以身作則，推銷自己，並且讓其他人明白「自我稱讚」並沒有錯。

如果「看不見」你能成為的那種人，就沒辦法成為那種人。所以，請務必讓合格沉默者看到你運用超強自誇術，他們才會考慮親自踏上這條路。讓周圍的合格沉默者明白，自豪、大聲點並運用策略，就是獲勝也是關鍵的力量。

如果我們每個人都懂得有效自誇，就會更願意發表意見。如果能讓更多合格沉默者學習超強自誇術，那麼我們分享的想法、創造的生意機會，還有進行的跨界談話，就能獲得更多經驗談。想改善我們的國家和工作環境，每個聲音就該被聽見，而不只是現在那些最大聲的聲音。我們需要你。

男人幫助女人

我們已經討論了如何請別人來幫忙放大你的聲音，而且這麼做對女性的發言格外有幫助。許多研究都證明，我們比較不在乎女性的發言，而這點真的必須改變。

這方面就需要男性的協助。目標並不是排擠男性，或叫他們閉嘴。相反的，我們希望男性在場，協助我們自誇。我要對正在閱讀本書的男性說：我們真的很需要你，而且我們在這件事上沒辦法只靠自己。《哈佛商業評論》指出：「證據顯示，男性如果願意投入性別平權的計畫，九六%的公司會看到成果；如果不願投入，這個數字就只有三○%。」

男性的發言充滿力量，因此女性有時候被迫虛構出男性夥伴。有個很有意思的案例，是潘妮洛普・蓋金（Penelope Gazin）和凱特・道爾（Kate Dwyer）一同創辦的藝術市場網站「Witchsy」。她們在推銷文宣裡加入了「基思・曼恩」這個虛構的男性合夥人，而這讓投資者產生更好的反應。「天壤之別，」道爾告訴《高速企業》雜誌：「我原本要花好幾天才能獲得投資人的回應，而基思不僅能獲得回應和狀態更新，對方還會問他需不需要其他幫助。」

和女性相比，男性通常擁有更多社會資本，也更容易接觸到菁英人士。我實在很想跟掌權的男性抱怨，這真的很不公平。二○○四年一項針對高層商務和政治領袖的研究發現：「男性在政治、經濟和公民之類的社會圈子裡，認識的菁英分子通常比較多。」所以，如果男性真的想成為女性的盟友，他們所掌握的社會資本能帶來很大的幫助。請善用你的力量。

有沒有女性同事需要你附和她們的意見？好極了。請在會議室和講臺上留點空間給女性，而且想想，你能如何運用充滿影響力的發言權來造成正面改變。如果你是男性，光是附和某個同事的發言，就能讓對方的言論聽起來更可靠。這方面的平權還需要很多努力，但你今天就能採取一些很簡單的小小行動，而且我認為這是你的工作之一。你可以為客戶這麼做，也可以在商務信件上這麼做。請強化旁人的聲音，而你如果這麼做，也能請求他們同樣對待你。

想提高女性的音量，要做的並不只是附和她們。無論一項計畫案的規模是大是小，請考慮各式各樣的聲音。這項計畫是否達成性別平等？種族平等？年齡平等？你該睜開眼睛了。

例如，美國國家衛生研究院的院長是男性，他發誓該研究院的座談會一定會接納女性成員，並寫道：「科學界的女性和其他弱勢族群，經常無法獲得在科學會議或其他高階大會上發言的機會。從現在開始，我在考慮邀請演說者時，會確保人人平等，來自任何背景的科學家都會公平地納入考慮。如果一場科學活動缺乏追求平權的決心，我就拒絕參加。」

我們不需要更多只由男性（尤其是白人男性）組成的座談會。男性如果能避免組成「全男性」的座談會，對他們自己也有好處，因為人們會注意到這種會議缺乏女性成員，所引發的抨擊也會影響該座談會的男性成員。全男性的座談會不僅趕走了許多聲音，也趕走了許多潛在的生意和顧客。多元化的座談會會更有益處。我們需要能反映現況的聲音，而真實世界遠比現在的兩性地位更為多元。

佩特・米切爾：首先要做的，是相信女性的發言有重要性

佩特・米切爾是TEDWomen的共同創辦人，知道女性發言的價值。

「我對男性說『我要去北京參加一場女性大會』時，他們提出的疑問讓我明白，許多男性還是認為女性大會其實只是閒話家常。很多男性不把『女性團結起來』當一回事，就算這四天裡，五十位女性領袖提出了達成『氣候正義』的新辦法。

「首先要做的，是相信女性的發言有重要性。不只因為這麼想是正確的，也因為女性在我們需要的時候提出了新的想法。首先要做的，就是看重女性的發言，並且鼓勵女性開口。」

就位，準備，起跑！

◆ **挑個你想誇讚的朋友。**

你有沒有哪個朋友或同事需要人們肯定她的發言和貢獻？在你的工作場合，有沒有哪個人很少有機會開口？如果哪個人的發言和想法總是遭人忽視，你就該把注意力放在那人身上。

◆ **詢問某個女性，你能如何推銷她。**

務必詢問她希望獲得什麼樣的支持，以及不希望獲得什麼樣的支持。

◆ **稱讚某個同事或工作上的聯絡人。**

請用他們會覺得愉快的方式來誇獎他們。

第十五章 請其他人為你自誇

讓別人覺得「推銷你」易如反掌

請其他人為你宣傳是你的責任，而且你必須讓他們知道，在哪個時間點這麼做才有效。別逼他們自己去亂猜。你該做的，是確保大家的發言都擁有力量。

你需要知道你想要什麼，而且告訴人們你希望他們怎麼做，因為他們可能並不知道答案。這麼做可能會讓他們感到不自在，他們也可能想用自己的方式來幫助你。你必須明確地告訴人們，他們能如何放大你的音量，像是分享你寫的文章、把你的訊息分享給他們的朋友，或只是單純對你說聲恭喜。花點時間想想，你想透過這種知名度獲得什麼，其他人能如何幫助你。

求助其實可以很單純，例如對人們說：「你能不能幫我宣傳我的新文章或演講？」但就像之前討論過的，每個人在自誇方面的進展都不一樣，而且人人都很忙。意思就是，你請其他人宣傳你的時候，**必須把這件事包裝得很簡單**。換言之，你必須讓他們覺得「幫你一把」是非常容易的事。意思就是，你可能需要事先寫好用來稱讚你的短文，請他們發表在推特或臉書上，這能確保他們使用的語言能幫到你。你必須讓他們覺得，「推銷你」易如反掌。

尋求支持

有時候，請別人為你自誇，要做的就只是**開口**尋求支持。

你可能不太想拜託同事提供這方面的幫助，因為你希望讓人們覺得一切都在掌控之中。然而，尋求幫助能大幅提高推銷的效率，如果不願這麼做，對你自己的傷害最大。

我敢打賭，你的同事很樂意幫你宣傳，但除非你開口請求，否則他們不會知道要怎樣幫助你。你可以考慮用以下方式尋求他們的支持：「我想確保上司知道我在這件案子上表現得多好。你願不願意在會議上附和我？」你也可以寫信給你所屬的網路社群的管理員：「嘿，我寫了這篇文章，你能不能幫我分享給大家看？」你也可以請他們使用適合你受眾的語言，在推特或Instagram上宣傳你。

請別人為你自誇，不僅意味著提高知名度，也表示在重要的時間點提到你的名字。例如，我會提醒客戶：「如果你對我的工作感到滿意，希望你能把我介紹給其他人，我會很感激。」我以前不會直接這樣拜託，因為我擔心這麼做「太厚臉皮」。但這麼做其實一點也不厚臉皮，我本來就需要更多客戶。我因為勇敢地提出請求，而獲得了幾個新的生意機會。你也可以請同事在老闆面前為你美言幾句，或請你在社群媒體平臺上的朋友分享你的工作成果。

重大請求

除了「請其他人為你自誇」，另一件很重要的事，是有多少機會可以提出這種請求，而且哪些時間點才適合。忙碌的成功人士雖然願意推銷他人，但不是天天這麼做，而且他們在這方面非常小心謹慎。

那麼，該拜託誰推銷你？在判斷人選方面，你可以使用「回溯法」。列出你欣賞的人，先從你所屬的行業開始。我欣賞的那些人，他們走出了自己的路，而且忠於自己。選出你覺得重要的特質，例如，也許你欣賞某人如何應對公眾舞臺，某人如何出人頭地……然後你得做出判斷，如果要你跟那個人聯絡、請對方宣傳你的工作成果，你會不會感到不自在。

就因為你試著聯絡欣賞的某人，並不表示對方一定會對你的職涯提供協助。你必須試試水溫，辦法就是表現得既禮貌又直接；不過，會給你最大幫助的人，有時候並不是你期待的同業人士。對我而言，幫我宣傳工作成果的人，常常是**意想不到的對象**。有時候你的思路必須跳出工作領域，才能看得更遠，並且獲得「導師」的指引。我很喜歡擁有來自其他行業的導師，因為和他們的對話能讓我學到很多東西，能讓我獲得其他領域的觀點。

提出這類請求時，**先從小事情開始**。十年前，我決定跟欣賞的一位同事交朋友。她既有趣又瀟灑，而且似乎真的很懂那一行。我很幸運，因為她覺得我這個人不錯，但我接近她的方式，是問她能不能針對我工作的某個細節提供一點建議。她一口答應了，我也得以跟她建立友誼。別直接提出沉重的請求。建議你和位於各個階層的人來往，只要他們能讓你變得更好，而且能提出各種看法。

你要的是什麼？

你首先要決定的是，究竟想拜託某個人為你做什麼事。你希望他在他的人際網路上宣傳你？如果是，這是個很重大的請求和推銷。你在請求某人宣傳你的時候，請考慮清楚。有些人會拜託我向我的讀者宣傳他們，但我不是每次都會答應。我不想立刻答應，是因為我很珍惜我的讀者，他們是我的追隨者。你也應該考慮到這一點。

但這並不表示你不應該嘗試。艾瑪．格雷著有《寫給女孩的手冊：加入反抗軍》，也是《赫芬頓郵報》的資深記者，她提出的建議是：「去聯絡你欣賞的某人，邀請他們跟你一起喝杯咖啡。去冒個險吧，傳訊息或寫信給對方。如果對方沒有回應，也沒關係，你還是應該多多嘗試建立人脈，跟擁有你想要的職涯的人們進行真正的談話。」你不需要向對方提出沉重的請求，或拜託他們看看你寫的東西。想更認識對方，你可以提出一個比較簡單的請求，而這個方式必須尊重他們的經驗和知識。

也許你只是希望他們看看你的自誇之詞。我曾經這樣拜託過一位我很欣賞的人，她擁有龐大的影響力。我並沒打算拜託她在她的人際網路裡宣傳我的文章；我想寄給她看，純粹是因為我覺得她會感興趣。我寫了信給她，向她問好，並寫道：「我想把我寫的這篇文章傳給妳看看，因為我覺得應該會合妳的胃口。」光是獲得她的肯定，對我來說已經是重大勝利。超強自誇並不需要立刻提高你的知名度。你所做的努力是放長線釣大魚，不用一開始就看到回報。埋下種籽也是同樣重要的過程，隨時可以晚點再回來看看種籽發芽沒有。

判斷該向誰提出請求

如果你決定拜託某人宣傳你，接下來要做的，就是判斷你的目標是誰。我在Excel試算表上列出了我想拜託的所有對象，他們如果願意宣傳我的工作，我一定會開心得昏倒（名單上的第一人當然是蜜雪兒．歐巴馬）。勇於做夢，也別害怕從名單的最頂端往下尋找。也許你希望歐普拉推銷你？

你提出的請求，必須對自誇的目標有所幫助。不管你是想獲得新工作還是上電視的機會，你應該拜託能幫助你達成這類目標的人。列出明確的名單，並取得每個人的聯絡資訊。對方的名氣越大，就越可能需要透過別人才能取得聯絡，所以你也該多認識一些助理和經紀人。我想分享文章的那個人，是時尚界的名人，先前也說過我很在乎這個產業。我有接觸「永續時尚」和「二手時裝」的工作，我很想為我的播客節目訪問她。但我知道她很忙，而且訪談既累人又耗時，所以我沒直接提出這個請求，而是決定先打開這道門，建立了關係再說。我清楚表達了我想跟她建立關係，也願意慢慢來。

如何開口？

開口提出請求是令人害怕的部分，但你必須把握機會。首先，建立勇氣；再來，假設你要寫電子郵件提出這類請求，希望你坐在電腦前深呼吸。提出這類重大請求的時候，先別在「收件者」的欄位寫下對方的信箱地址，以防你不小心按下「傳送」鍵。你的請求之詞如果只寫到一半就寄出去，實在再糟糕不過。如我們在「推銷」方面討論過的，把信寫得簡短、明確、直接、有料，清楚地讓對方知道你對他們有何期望，而且務必保持禮貌。

以下是我用過的幾個提出重大請求的可行辦法。

請知名人士分享我的工作：

你好！我非常喜愛你的（列出文章、推特，或是對方最近做過的事情）。我寫信給你，是想跟你分享我的一篇文章。你如果願意看看，我會深感榮幸，而你如果願意分享出去，我會萬分感激。這是該文章的連結：（在這裡插入連結）。你如果願意分享，可以直接把我寫好的這條訊息發在推特上：「我很喜歡梅樂迪斯寫的這篇關於飛蠅釣的文章，有興趣的人可以點擊這裡閱讀：（在這裡插入連結）。」

如果你尋求的是對方的心得或推薦：

（對方的名字），我真的很高興能和你合作。我非常欣賞你（在這裡稱讚對方的工作風格，或對方在合作時做出的某個抉擇）。我寫信給你，是想問你是否願意為FinePoint網站寫一篇心得。客戶的推薦讓我的生意獲得很大的成長。謝謝你考慮我的請求。

什麼時候提出請求？

你應該等到真正需要的時候才提出重大請求，找個適合你、也適合對方的時機提出。我曾經希望獲得推銷，以便贏得很看重的計畫案。我的旋轉式名片架上有某個人的名片，我知道對他只能提出一次重大請求，因為每天都有太多人請他幫忙。他是個很忙碌的大人物，而且他經營的公司堪稱家喻戶曉。如此一來，我必須運用策略，而且我知道我想對他提出請求的「時間點」就是現在。接下來，我必須判斷他能接受的時間點是什麼時候。我應該在星期幾寫電子郵件給他？幾點鐘？我需不需要先找到他的助理，讓對方先知道這件事？

我真的很緊張，花了好幾星期修改要寫給他的信，後來終究鼓起勇氣，把信寄了出去。我很擔心他會拒絕，因為我在信上使用了不該用的字句（我寫了「如果你不願意，也沒關係！」）。但我的判斷是，如果連試都不試，那我就是天大的傻子。我判定最完美的寄信日是星期三，因為星期一是處理信件最忙碌的時候，而週末離星期三還有一段距離。我決定在下午兩點左右寄信，因為他這時候可能剛享用了一頓美味的午餐、回到辦公桌前。我根據自己對他的了解，盡可能判斷他的工作風格，還有他的行程應該會如何安排。

我提出的是個重大請求，因為我希望借用他的名氣，所以我考慮這對他來說意味著什麼，而且該在哪個時間點提出。他立刻回了信，給了我兩行美好的推銷之詞。

他原本大可拒絕，或已讀不回。也許他在那星期、那個月，甚至那一整年都忙著開會（我每次鼓起勇氣提出請求，都經歷過這類情境）。提出請求是困難的部分。如果對方說他們在那一刻沒辦法幫你，你也該尊重他們畫下的界線。如果表現得優雅，他們也會尊重你。

接下來該怎麼辦？

你投入了這麼多時間和心力，對方終於為你推銷。首先，你可以跳舞慶祝，然後務必花點時間感謝對方。那個大人物回信的時候，我震驚不已。我在電子郵件上向他道謝，也寄給他實體的感謝函，還送他一個桌上型盆栽。

你接下來要做的，是大聲宣傳你獲得的這個名人的推薦。意思就是，跟你的親友分享，也在社群媒體和個人網站上宣傳。在我這個案例，我把那兩行推銷之詞放進一篇文件，跟一小群受眾分享，而不是大肆公開。我後來終於贏得我想要的計畫案，而雇用我的那個人告訴我，他知道誰為我美言，而且那多麼了不起。我知道提出那個請求是正確決定。

克麗歐・金的自誇分析：能見度至關重要

克麗歐・金是跨性別女性，在梅迪奇集團擔任平臺策略師，畢生為多元性和能見度努力。

多元性能帶來豐富內容

「如果一群人來自相似的背景，經歷過相似的經驗和教育，想法就應該不會有多大差別。然而，你如果帶一個外人進入這個團體，像是來自別的國家、城市，或美國的另一個地區，這個人擁有的經驗應該很不一樣。只要增加一些多元性，無論是性別、種族、是否在美國出生……就能造成指數性的不同。這些人能從許多層面帶來刺激，引發新的對話。」

將他人的獨特性最大化

「我們在這方面要如何改善？我至今依然時時刻刻想著這個問題。我很高興跨性別社群的能見度和意識獲得了提升。我這些年來的熱忱、好奇和興趣，是提高跨性別和非常規性別社群的發言分量，讓你知道跨性別的人們提出的疑問是『我的未來會是什麼模樣？』」

一切都從能見度開始

「我希望，不管你是不是跨性別，都能成為大企業的大老闆。你能成為智庫的領袖，或是國際科學研究中心的主管。最重要的就是能見度。」

自誇讓你被看見，也帶來無限的機會

請從更宏觀的角度來想想超強自誇術。它對你的職涯，還有同事的職涯，意味著什麼？能見度帶來重大責任，這是好事，也是龐大的機會，無論現在還是未來。

就位，準備，起跑！

◆**請你的朋友為你自誇。**

你必須知道自己想要什麼，而且你的朋友究竟能如何幫你。

〈尾聲〉
你未來的自誇之路

現在，我們來到了學習超強自誇術的尾聲，你該開始把這些能力應用在職涯和每日生活中。這真的令人興奮，有點嚇人，卻也相當重要。如何為自己、朋友、同事甚至親人自誇，是你必須學習的能力，也是我撰寫本書的原因，我希望它能對這個世界和未來產生影響。學習超強自誇術需要時間，所以別對自己太苛刻。

我希望你看完本書後，至少能對自己和工作感到驕傲。我們需要你為你的工作成果感到自豪，也需要你的發言。我們需要你的一切。如果你以為沒人需要聽你說話，這種想法不僅危險而且錯誤，請將它拋諸腦後。

提高合格沉默者的音量，會對我們每天的談話和社會問題帶來正面影響。你如果坦率而自豪地提高音量、懂得運用策略，並顧慮別人的心情，將會為許多世代的人們帶來影響，像是他們如何看待自己和工作，以及該向誰看齊。你如果讓人們明白，我們必須深刻地了解一個課題，並且為自己的工作成果感到自豪，這麼做就是以身作則。

這些事情很困難。自誇會帶來焦慮、自我懷疑，並且讓你懷疑自己有沒有資格——但是你有。你的成就已經足夠，也值得拿出來討論。請站到眾人面前，說說你的成就。

你有能力選擇提高發言音量，而且運用策略，這種能力是**特權**，也是**權利**。這麼做雖然有難度，卻是世上許多人無法獲得的罕見機會。你有做出貢獻所需要的機會、能力、時間和力量，很多人都無法獲得這種特權。「暢所欲言」這個權利經常受到文化、政府和掌權者的打壓。如果你得以選擇超強自誇術，就等於擁有自由。

我常常想到我做的工作，而且很幸運生為美國女性。我在職涯上雖然常常遇到性別歧視，但我成功走出了一條路，並且幫助其他人這麼做。身為白人的我擁有特權，不用面對制度化的不公不義和種族歧視。自誇是個充滿美式風格的舉動，而且我選擇這麼做的時候，不會受到迫害，像是針對自己或親友的人身傷害，但世上很多地方不是這樣。

你應該提高你的音量，因為其他人做不到。你應該提高你的音量，因為這是你該為那些被忽視、被禁止出聲的人做的。

不管受到打壓的是世界各地的女性、有色人種，還是LGBTQ+社群，任何被視為「外人」的人都面臨著危險，而且經常遭到武力噤聲。制度性的障礙雖然沒有暴力舉動那麼明顯，但兩者都一樣惡劣。邊緣人的發言需要被聽見，但這需要的不只是你的聲音。**我們需要擁有力量的人幫助缺乏力量的人**，這就是我對世界的期許。

我們置身於一個比嗓門大、真相混濁不清的時代，因為我們聽信了不該聽信的。我們面對的是發言、音量和知識的危機。許多胡說八道的人成了「專家」，這讓有能力的人感到困惑、憤怒，而且不知該如何是好。而你，合格沉默者，該上場了。

我們在發言方面的危機該到此為止，或是開始改變。我們要在那些大聲喊話的人們當中加入理性之聲。

你實在應該看看你的發言能帶你走得多遠。你實在應該讓你的工作成果獲得肯定，獲得更多機會。你值得擁有更多收入，更高的曝光率，更常出席會議。你的發言會激勵其他人使用他們自己的聲音。

我們現在也面臨關於真相的危機。領導層和媒體界充滿謊言和欺騙，我們似乎持續遠離關於「意義」的核心價值，還有我們對彼此該有的責任。

好消息是，你已經付出了努力，你懂得如何使用你的聲音。其他人，甚至未來的世代，會看到你致力於追尋真相，會明白「努力學習如何運用聲音」的重要性。

這是一項技能，你需要投入努力才學得會。你不僅必須判斷你想如何自誇、你的自誇應該是什麼模樣，也需要不斷練習。這是一條蜿蜒曲折的漫漫長路。

你並不孤單。你無法想像有多少人的感受和你一模一樣，而且有些是你欽佩的高層人士。

一旦你學會了如何運用聲音，就會變得更得心應手，也會更懂得如何幫助其他人提高音量。經過一段日子後，你就不會覺得這麼做很困難。

這麼做不僅能為自己找到發言的機會，也鼓勵其他人向你看齊。請利用這些機會來進入談話或帶領談話。

你的責任是將這分恩情延續到其他人身上，想想你的聲音對後輩來說有什麼意義。我們開始聽見人們提高音量了，尤其是新一代的人。對「Z時代」來說，他們除了吶喊之外別無選擇。不管他們吶喊的話題是關於槍械管制還是氣候變遷，這些年輕人都很懂事，且正在著手努力。我們也該跟上了。

正在閱讀本書的你是男性嗎？你有責任提高女性和其他人的發言音量，因為這個社會傾向聆聽男性的發言。你如果聯合其他人的聲音，就能確保平時被忽略的他們被聆聽。

正在閱讀本書的你是異性戀嗎？你有責任幫忙提高全球各地的LGBTQ+社群的音量。我們必須開始幫助其他人說出他們的故事，用我們的特權爭取力量，才能開始進行我們需要的談話。我們不需要替他們說出他們的故事，但我們需要挪出空間，讓他們能親口說出自己的故事。

什麼力量能影響我們目前面對的重要議題？我們能帶來永久改變，而辦法是提高我們的音量。

現在你應該停止害怕，不再羞怯。就算不為別的，我希望你自誇是因為必須讓那些有能力而且在乎的人開始討論這個時代的重要議題。這是你的公民義務之一。去自誇，讓人們聽見你的聲音，而且記得投票。

這是我們的戰鬥。去吧，勇往直前，奮力自誇。

Eurasian Publishing Group
圓神出版事業機構　方智出版社 Fine Press
www.booklife.com.tw　reader@mail.eurasian.com.tw
生涯智庫 192

沒人看見你的好，你要懂得自己誇：掌握勇敢自我推銷的藝術

作　　者／梅樂迪斯・芬曼（Meredith Fineman）
譯　　者／甘鎮隴
發 行 人／簡志忠
出 版 者／方智出版社股份有限公司
地　　址／臺北市南京東路四段50號6樓之1
電　　話／（02）2579-6600・2579-8800・2570-3939
傳　　真／（02）2579-0338・2577-3220・2570-3636
總 編 輯／陳秋月
副總編輯／賴良珠
主　　編／黃淑雲
責任編輯／溫芳蘭
校　　對／胡靜佳・溫芳蘭
美術編輯／林韋伶
行銷企畫／陳禹伶・王莉莉
印務統籌／劉鳳剛・高榮祥
監　　印／高榮祥
排　　版／杜易蓉
經 銷 商／叩應股份有限公司
郵撥帳號／18707239
法律顧問／圓神出版事業機構法律顧問　蕭雄淋律師
印　　刷／祥峰印刷廠
2021年6月　初版

Brag Better: Master the Art of Fearless Self-Promotion

This complex Chinese characters edition was published by Fine Press in 2021 by arrangement with the Portfolio, an imprint of Penguin Publishing Group, a division of Penguin Random House LLC. through Andrew Nurnberg Associates International Limited.

定價330元　ISBN 978-986-175-601-1

每一次成功克服自我挫敗的衝動，你的自我尊重就會多一些。
請善用這種爲自己感到驕傲的情緒。
獎勵自己的好表現能夠鞏固新的行爲模式，
也有助於你將改變轉化成永久的習慣。

——《別再扯自己後腿了：全美最佳精神科醫師教你戰勝自我挫敗，解決各種難題》

國家圖書館出版品預行編目資料

沒人看見你的好，你要懂得自己誇：掌握勇敢自我推銷的藝術／
梅樂迪斯・芬曼（Meredith Fineman）著；甘鎮隴 譯 . -- 初版 .
-- 臺北市：方智出版社股份有限公司，2021.06
288面；14.8×20.8公分 --（生涯智庫；192）
譯自：Brag better : master the art of fearless self-promotion

ISBN 978-986-175-601-1（平裝）

1. 自我實現　2. 自信　3. 成功法

177.2　　110005975